2017年在中央电视台参加颁奖活动。

2018年在全国政协大会上投票。　　　　　　　2018年参加泰山祭天大典。

2019年著名摄影师为清华大学文科资深教授拍摄系列之一。肖梦涯摄

2019年著名摄影师为清华大学文科资深教授拍摄系列之二。

2020 年参加全球华人国学大典。

2020年获第四届全球华人"国学终身成就奖"。

1987年，与夫人杨颖在美国哈佛大学科学中心。

1999年，与夫人杨颖
在日本早稻田大学。

2015年，与夫人杨颖在上海崇明。

流光日新

陈来　杨颖　编著

山东画报出版社

济南

图书在版编目（CIP）数据

流光日新 / 陈来, 杨颖编著. -- 济南 : 山东画报出版社,
2022.8
　ISBN 978-7-5474-4264-7

　Ⅰ. ①流… Ⅱ. ①陈… ②杨… Ⅲ. ①回忆录 - 作品
集 - 中国 - 当代 ②陈来 - 生平事迹 - 摄影集　Ⅳ. ①I251
②K825.46-64

　中国版本图书馆CIP数据核字（2022）第134764号

LIU GUANG RI XIN

流光日新
陈来　杨颖 编著

项目策划　赵发国
责任编辑　陈先云
装帧设计　丁　娟

出 版 人　李文波
主管单位　山东出版传媒股份有限公司
出版发行　山东画报出版社
　　　　　社　　址　济南市市中区舜耕路517号　邮编 250003
　　　　　电　　话　总编室（0531）82098472
　　　　　　　　　　市场部（0531）82098479　82098476（传真）
　　　　　网　　址　http://www.hbcbs.com.cn
　　　　　电子信箱　hbcb@sdpress.com.cn
印　　刷　山东星海彩印有限公司
规　　格　170毫米×240毫米　1/16
　　　　　19.5印张　228幅图　190千字
版　　次　2022年8月第1版
印　　次　2022年8月第1次印刷
书　　号　ISBN 978-7-5474-4264-7
定　　价　158.00元

如有印装质量问题，请与出版社总编室联系更换。

自 序

这本小书的内容，其中的文字部分以我有关个人经历的记述为主，配以照片，合之以为今年的纪念。今年之所以值得纪念，一是因为今年是我们夫妇结婚40周年的银婚，二是按照习惯的说法，今年是我七十初度，同岁的我们进入了一个素称古稀的生命节点。所以这本小书便为这双重纪念而产生了。

一个人的人生有很多生命节点，以我个人成年之后而言，1969年我去内蒙古下乡，至今已有52年；1973年我上大学，至今已有48年；1978年我入北京大学读研究生，至今已有43年。这些节点虽然是同一个生命的连续历程，但对我各有不同的意义。应该说，1978年考入北京大学哲学系读研究生，是我生命历程中最重要的转折点。而这一转折的实现，虽然也有个人努力的因素，但我始终归功于张岱年先生的厚爱和提携。进北京大学时我曾对友人说起，只要进了北京大学，我就有信心留在北京大学。如我所信，进北京大学以后的一切都顺理成章地实现了，而这背后都有张先生的助力。2007年我询及转入清华大学的可能，而清华大学之所以无保留地接纳我，一个很重要的因素，也是清华大学的领导层自20世纪80年代中期以来都对张先生非常熟悉，并举张先生的大旗作为清华大学文科复建的引领。我转入清华大学虽然是在张先生离世之后，但我总记得张先生1991年跟我说的话："你去清华也挺好！"2009年清华大学国学研究院成立大会上，媒体问谢维和副校长为何聘请陈来为首任院长，他不假思索地回答："他本来就是清华的人，他是张岱年先生的大弟子，是冯友兰先生最看重的助手！"

2020年我获得了全球华人国学终身成就奖，按此奖颁发的惯例，获奖人须发表感言，但不必成稿宣读，我则会前写就感言，在会上宣读。这里我把其中的一段附列下边，作为结束：

在接受这一荣誉的时刻，回顾自己学术成长的历程，我内心充满感激之情。我深深感谢给予我深切教诲的老师张岱年先生、冯友兰先生、任继愈先生、邓艾民先生、朱伯崑先生，感谢给我以大力提携的季羡林先生、邓广铭先生，感谢给予我多方面帮助的海外学者陈荣捷先生、杜维明先生，没有他们的教导和帮助，我不可能取得那些研究成果。我要深深感谢北京大学、清华大学对我的接纳，感谢它们提供的优等教育，和优越的学术环境。如果说我个人在学术研究上取得了一定的成绩，那是与这两所著名大学为我提供的学术条件分不开的。

陈　来

2021年5月19日

目　录

中　篇

下　篇

上篇

犹记潇湘细雨时

——我的大学时代

20世纪70年代前期当工农兵学员、上大学，是我人生历程的重要改变。上大学的前前后后，酸与甜，苦与乐，都充满其中，至今记忆犹新。需要提醒读者的是，这里所谈的，纯粹是一点个人的经验，并没有什么代表性，把它写出来，只是为以后的人了解那个时代的丰富性提供一点素材而已。

一

"大漠三千里，黄水五百回"，这是我当年下乡在内蒙古巴盟河套以西的乌兰布和沙漠中所做的一首词的开首两句。青年时代，意气风发，1969年春天，我离开母校北京三十五中学，抱着"屯垦戍边"的理想，与本校的一些朋友相约一起奔赴内蒙古西部的乌兰布和沙漠，参加刚刚组建的内蒙古生产建设兵团（以下简称"内蒙古兵团"）。内蒙古兵团于1969年1月组建，我们成为兵团的第一批战士，习惯上称"北京第一批"。我所在的一师四团，北临阴山脚下，向南延伸进入乌兰布和沙漠，横跨杭锦后旗和磴口县两地。我所在的连队位于全团的最南端，向南不到30里是三团，东距河套的西端20余

1970年，摄于内蒙古巴彦淖尔市杭锦后旗照相馆。

里。在我们连，北京第一批来的知识青年，除了我们学校作为男校的同学，从老初一到老高三不等，还有来自在北京时与我们学校隔街相邻的师大女附中的同学们。我们的连队，距汉代朔方郡窳浑古城的遗址只有五六里路，站在我们的住处向东远望去，风化了的古城遗址是一个拔地而起的方形土包，傍临着北面一片海子，在落日的照耀下，显得奇特而非凡。多年之后，20世纪90年代中期，我才偶然看到北京大学侯仁之教授在1965年发表的有关乌兰布和与窳浑古城遗址的长篇论文，与记忆相印证，十分亲切。

在沙漠中开垦荒地，引黄灌溉，种植粮食作物，是我们"屯垦戍边"的日常任务，因此生活的磨炼主要是繁重生产劳动的"劳其筋骨"，和少油无肉饮食的"饿其体肤"。艰苦生活的磨炼，强化了体力和意志应对恶劣挑战的能力。我在内蒙古兵团的基层连队生活了四年半，其中有一年多时间是在附近的沙金套海人民公社"支农"。"支农"是当时所谓"三支两军"的一部分，内蒙古兵团是属于部队序列，连以上干部是现役军人，所以由现役军人二连王指导员和五连黄副连长率领我们一行十余人担任对周边人民公社的支农工作。工作的内容主要是开展所谓"清理阶级队伍""一打三反""学大寨"等运动。但即使参加支农工作，我的绝大部分时间也是不脱产的，和农牧民同吃同住同劳动，每天晚上组织开会学习。在内蒙古兵团的这一段时间，由于我的劳动和综合表现较好，在连里做过班长、排长，排长是我在内蒙古兵团的那个时期男知青可担任的最高职务。

我在内蒙古兵团时期，劳动之余，很注意读书。除了随身带去的范文澜的《中国通史简编》、游国恩的《中国文学史》等外，在1970年以前，我已

1971年春，在内蒙古磴口县沙金套海。

读过列宁的《国家与革命》《共产主义运动中的"左派"幼稚病》《帝国主义论》；1970年在磴口的巴盟图书馆得到一本《马克思恩格斯全集》(第二卷)，我非常高兴，因为其中有久寻未得的《神圣家族》。1970年庐山会议后，提倡学六本书，我又读了《共产党宣言》《哥达纲领批判》《费尔巴哈与德国古代哲学的终结》《自然辩证法》《政治经济学批判大纲》《工资、价格和利润》《反杜林论》。阅读这些书，加上在支农实践中的运用，自己感觉到在思想方法和理论思维方面进步不少。我那时还常常翻看《毛泽东思想胜利万岁》，所以毛语体一度对我的文体影响很大，直到后来念研究生的时候才逐渐转变过来。其他的理论书也读，空想社会主义者里面，魏特林的书论不平等的部分我印象较深。文学方面开始时喜欢三曹和白居易的诗，后来颇留意辛弃疾词，常翻看邓广铭的《稼轩词编年笺注》。也看过几本高尔基、茅盾的小说，但这一时期小说看得比较少，因为我在中学和"文革"看过的小说甚多。此外，我还喜欢传记作品，当时内部出版的尼克松的《六次危机》、讲邦迪传记的《出类拔萃之辈》都给我很深的印象。我尤喜欢读梅林的《马克思传》，直到上大学后仍然常常读。

二

1972年，内蒙古兵团开始推荐知识青年上大学，这一年我们团进行推荐的时候，我尚未支农归来，所以没有参加推荐。这是兵团知识青年第一次有正式合法的机会离开边疆农村，回到城市，而且是以上大学这种人人羡慕的方式。所以，虽然这一年夏天每连只推荐了一个人，但这对知识青年群体特别是其中的精英仍造成一个很大的冲击。从前那种没有其他任何选择的、平静的"扎根边疆""建设边疆""红在边疆"的生活，一下子改变了。在新的选择面前，以前的誓言渐渐褪色而开始失去意义，青年的各种理想在新的可

1972年，摄于温州照相馆。

能面前纷纷跃动起来。我的两个朋友在这一年都被推荐上了大学。我在一首词中写道"同心数人去，当时已怅然"，反映了我当时的心情。我那个时候有点遗憾，因为我觉得，当时如果我在连里，被推荐上学的可能性就很大，可惜我却不在。这一年夏天，我在离家三年多后第一次回北京探亲，心情多少有一点沉闷，在河南干校的母亲给我父亲写信，说我总是以"塞翁失马，焉知非福"安慰自己。

回到连队，在劳动和工作中，作为排长，我一贯以身作则，和大家一起天天挖渠、浇地。好在我

1972年6月，在南京雨花台。

有一个排部，里外两间，晚上学习方便，指导员还特别在大会上表扬我的学习精神。1972年底，我们已经知道下一年推荐上学要增加考试的分量，我的一些中学同学就从各地返回北京复习。不过我那时在连里也没有复习数理化，劳动之余，晚上在我的排部里还是主要看各种哲学社会科学的书。没有复习数理化的原因，固然是每天劳动，没有集中的时间；更重要的是，在当时连队生活中，每天宣传讨论的都是如何"扎根边疆"，在这种氛围里准备考试的复习，会成为一种反讽：作为知识青年干部，天天组织大家学习，要"扎根边疆"，自己却一心准备复习考试，回到城市上大学，这使我在道德上很难说服自己。

1972年冬，在北京中山公园。

　　1973年推荐工农兵学员上大学，我作为本连唯一被全票推荐的人选上报团里，以我当时在团里的名气、表现，如果按1972年主要依靠单位推荐的方法，应当说，我上北京大学、清华大学那是顺理成章的。就理想的专业而言，我在1972年的时候已经把苏联人编的《政治经济学教科书》（第三版）看得很熟，因为这本书是毛泽东写过批注的，所以当时最想念的是政治经济学专业。但是，这一年文化考试也成为主要指标，由于我数学复习准备不力，按考试成绩排名录取，我被录取到长沙的中南矿冶学院自动化系。我接到团里的通知，知道自己没有得到回北京上学的机会，而两个候补的人却顶替年龄过线的人分到北京的高校，心情多少有些沮丧。

就我们兵团来说，当时工农兵学员的选拔的确是"百里挑一"，是很不容易的。对大家而言，那时能够被推荐上大学，离开下乡之地，绝对是求之不得的天大好事。而就我个人而言，这一年上大学已经是肯定无疑的，问题是能不能上一所自己理想的大学、理想的专业。从这个意义上说，我的心情和反应算是比较特殊的。

一个月后录取通知书下来，录取院系竟是中南矿冶学院地质系，这对我可以说是一个不小的挫折。本来录取的决定是高校招生人员和师团政治部门招生办的共同决定，高校招生同志回校后不能随意改变，我们团所有被录取的考生最后拿到的录取通知都和在师里团里的录取决定一致，唯独我的录取通知出了问题。团里政治处也觉得很意外，负责招生的张干事说要不你明年再上。连里的朋友也为我可惜。可是我想，如果因为学校和专业不是自己理想的选择而等明年，被别人说起来也不太好。所以我没有选择等待，1973年秋天如期赴中南矿冶学院地质系报到。在我人生中的重要选择关头，我往往都是宁可选择避免外界的道德批评，而忽略实际的功利得失。但是，在行动上做出选择和在心情上保持平衡是两回事，在从北京到长沙的火车上，播送的是《到韶山》的优美女声，我的心里却总出现《红楼梦》里的那两句曲子："纵然是齐眉举案，到底意难平。"

三

中南矿冶学院（曾更名中南工业大学，现名中南大学）当时是冶金部几大院校之一，也是亚洲最大的有色金属矿业冶金研究和教学机构。科系齐全，有地质、矿山、选矿、冶金、特冶、材料、机械、自动化等，每个系拥有一座独立的大楼，它的校园当时在长沙是最好的。地质系拥有湖南省唯一的一级教授陈国达，粉冶专家黄培云则在20世纪40年代毕业于麻省理工学院（MIT），是著名学者赵元任的女婿。（1997年我第二次旅居哈佛大学，在赵如兰教授家看到中南工业大学的赠幅，问起她与中南工大有何渊源，才知道老校长黄培云是其妹夫。）我到学校以后更明白了，自动化系是当时大家认为中南矿冶最好的系，而地质系被认为是最艰苦的系。同情我的人都认为，有人通过走后门，用"掉包"的办法调换了我的专业，把自己的子女或关系换进了自动化系。报到之后，我登上学校后面的岳麓山，细雨绵绵，使得我的心情很难开阔，在山上套宋人词意，凑了一首小词，调寄《浪淘沙》：细雨麓山濛，雾满石亭，低眉信扫尽秋容。红叶虽无落地意，何奈秋风？独步且徐行，漫踏林丛，遥闻山下有钟声。举目不及三丈远，只有桐松。"落地"本亦可用"飘落"，但"落地"的"地"指的就是地质系，这是无可改的。

上面所说的，涉及我在上学前和入学初的一段心路历程，从未与同学提起，所以我的大学同学都没有人知道，系里的老师也不知道。这件事本来也不必特别提起，因为没有什么代表性，算是特殊经验。下面言归正传。

从"大漠孤烟"到"潇湘绿水"，生活与环境起了根本变化。长沙是一座古城，但我们那时对长沙的文化历史毫无理会，我们所知道的是，"湘江北去，橘子洲头，万山红遍，层林尽染，漫江碧透，百舸争流"。我们所知道的是，长沙是一座革命的城市，我们所参观的都是毛泽东早期革命活动的地方。不过特别值得回忆的是，湖南当时的农业在全国最好，我们的学生食堂，大米青菜，鸡蛋猪肉，样样不缺，商店里花生米等小吃都无票证的限制，不要说比当时北京有粗粮供应的生活要好，就是邻省广东的同学春节回家也是从湖南购买大量猪肉。仅从这个角度说，那时在湖南上大学也算是有口福的了。湘江的水有一种柔美的流动力量，夏天游泳非常舒服，与我从前在北京的陶然亭游泳池和京密引水工程的戏水不可同日而语。只是湖南雨多潮湿，常常连日细雨，中南、华南都是如此，这是我始终不能适应的。

那个时候上大学每日三餐由国家管，不交伙食费，学生助学金高者4元，低者2元。我是班长，经济条件在班里同学中尚属较好，所以没有申请助学金。但为了加强营养，我每天早餐在小贩那里买一个鸭蛋加餐，被一起从内蒙古兵团来的材料系女生赵某笑指为"鸭蛋先生"。学生生活很有规律，每天早上6点20分，宿舍外面球场上的扩音器开始播送"北京颂歌"，相当于部队的起床号，接着播放革命歌曲，"我爱五指山，我爱万泉河"，李双江的这首歌到现在仍然是我的最爱之一。然后我们迎着"新闻和报纸摘要"的广播从事各种晨练活动。每星期六晚扛着凳子去风雨操场看电影，星期天穿着回力鞋到体育馆打篮球，铁打不变的安排，这些是我在那个时代最开心的娱乐和运动。由于所有同学都是从农村厂矿来，大家都非常珍惜学习的机会，都很认真刻苦。同时，大家的学习生活还算是生动活泼，秩序井然。

四

根据"学制要缩短，教育要革命"的指示，大学学制当时一律改为三年。在1973年至1976年的三年大学生活中，我最大的收获，是来自我所谓的"鼓励自学的自由教育"。进校的第一个学期主要是补课，补中学数学，物理和化学则结合中学和大学内容补习。我那时用清华大学编的补课教材，用半个多学期，以超前讲课的进度，把全部中学的数学自学了一遍，概念非常清楚，做题也不困难。这说明对于理性成熟的成年人来说，掌握初中和高中的数学是比较容易的。我从家里带去的大学基础课教材，高等数学、普通物理、普通化学多是苏联人编写的大学教科书，翻译为中文，读起来并不顺畅。而且，每个人理解上的难点各不相同，即使是教育部统编的教材，也不可能适合每个人的特殊需要。我的习惯方法，是把每门课程的每个概念、定义和理论部分，都用自己认为易于理解的语言改述一遍，把难点要点阐明，写在笔记本上，代替教科书讲述不清楚的地方。这几乎是重写教科书的叙述文字，这可以说是我最早开始的文本解释实践。所以，所谓自学，并不是不上课，而是指自己的学习进度大大超前于老师讲课的进度。在三年里，所有的基础课和专业基础课，我差不多都提前半个学期到一个学期自学完成。理解在自学中已经完成，听课是验证理解和加强记忆，学习完全成为自己的主动性活动。从这个意义上，可以说，三年里的所有课程，从高等数学、普通物理到理论力学、材料力学等，我都是自学的。在这样的方式下，我的专业基础课可以说学得很好。（当然，也不是所有课程都适于自学，如化学。另外，在工农兵学员时代，课程设计和同学的意愿，都偏于实际应用，最明显的就是大部分同学对外语没有兴趣，认为到厂矿基层用不上，我们全班，算我在内，只有两个人坚持把专业英语教材学完，但那时没有收录机，教材也差，自学效果不佳。）

为什么有可能采取这种超前的自学方法呢？一个最重要的原因，是当时的课程没有考试，也不需要大量做习题，资质好的学生自然学有余力。这也是我称之为"自由教育"的缘由。这使得学习集中在理解能力的锻炼培养，而完全忽略做题技巧的重复训练。（想想看，没有考试，这对于学生是何等好啊！但这样的学习方式要以学生有学习的自觉性和主动性为前提，而这正是珍视学习机会的工农兵学员所不缺少的。）对我个人而言，三年的这种学习，主要是从理工科的角度全面训练了我的"理解"文本、分析概念的能力，这种能力其实主要就是逻辑分析的能力，和哲学的逻辑分析是相通的。对我后来转向哲学和哲学史，起到了另一种训练作用。

这种自学教育方式自然有得有失，而我要说的是，这种没有考试、不用大量做题的学习模式，带给我一个重要的发展空间和可能性。

五

由于没有考试和作业的负担，从第一个学期结束的假期开始，我就着手大量阅读哲学、社科、文史书籍。当时图书馆的文科书开放仍然有限制，人的阅读兴趣也受到时代的限制，所以当时图书馆的书已大大满足了我的需要。上大学后，我延续了在内蒙古兵团开始的文科爱好，以通读《马克思恩格斯选集》和《列宁选集》为基础，从周一良的《世界通史》和敦尼克的《世界哲学史》开始，广泛借阅了各种人文社科书籍。大学三年中所读的书既多且杂，书名也难尽数。印象深的，是读希腊哲学史以后，看马克思的《数学手稿》，一下子就明白了。读了《德国社会民主党史》，我给同学讲《哥达纲领批判》，内容就比一般的解说要丰富。《资本论》第一卷也是这时开始读的，连带着也把于光远、徐禾的政治经济学书翻看一过。《汤显祖集》总放在枕头旁边，午睡前翻上几页。值得一提的是，当时学校图书馆一层左行尽头的阅览室，有"文革"以来出版的所谓内部书籍，有小说、传记、社科等类，并不公开书目借阅，但知道的人就可以从管理老师座位旁边的侧门进去选借，在阅览室内看。像苏联小说《你到底要什么》《多雪的冬天》，历史著作《第三帝国的兴亡》等，我都是在这里看的。我忘记了自己是怎么知道的这个窍门，总之学生在那里看书的很少，除了我以外，只有冶化761班的一个女同学对理论问题有兴趣，有时在那里借书看。当时有两个刊物非常流行，一个是《自然辩证法》，一个是《学习与批判》。这两份刊物的特点是理论性强，可读性也强。我的经济条件不允许我多买书，所以像《学习与批判》等都是在这个阅览室看的，自己只买《自然辩证法》。当然，也买《战地新歌》。

就我们的教学计划和安排来说，当时都经过认真仔细的设计，安排给工农兵学员上课的老师都是非常优秀的有经验的老师。我现在仍能记起来的基础课、专业基础课以及专业课的任课老师，都是业务骨干，教学水平较高。为什么要配备有经验的老师担任教学呢？我想，一个原因是校系和教师对毛泽东主席教育革命路线的支持，主观上要把社会主义新型大学办好；另一个原因则是顾虑工农兵学员有经验，敢造反，怕工农兵学员提意见。当时宣传工农兵大学生有一个口号——"上、管、改"，意思是上大学、管大学、用毛泽东思想改造大学。就我们的实际经历来说，主要是"上"，没有"管"，也没有"改"。同学对老师是尊重的，老师也和同学一起参加各种活动，接触多，师生关系很融洽。但是应当承认，相当多的学员基础较差，虽然这对工科特别是与实际结合较密切的专业，在专业课学习方面似乎影响不大，但对于这些学员，由于基础课和专业基础课的学习没有深入把握，从长远的技术发展和创新能力来说，就会有问题了。

在专业学习之外，对我个人有影响的，主要是"工农兵学员上讲台"。我在内蒙古兵团时，受时代风气的影响，长期自学哲学、政治经济学、社会主义理论，已有一定的基础。在1973年的第一个学期，政治课讲中国共产党党史，我写了一篇文章，较长，主要讲大革命时期对群众运动的态度。这篇文章折射了"文革"群众运动对我的影响，在今天看当然没有什么价值，但引起了同学和老师的注意。第二学期政治课讲哲学，老师就安排我讲了几次辩证唯物主义的认识论，同学的一般反映是我讲的效果比老师讲的要好。本来，我是大城市的知识青年，有较长期的自学经历，在思想理论水平方面当然不是一般同学可比的。由于上讲台的反响，更使得我在"开门办学"中被附加了一份兼任政治课教学的责任。所谓"开门办学"就是走出校园，让课堂与厂矿基层相结合，但每个班的实习去处不同，政治课教员却没有那么多。于是，1974年在湖南新化"开门办学"我负责讲《哥达纲领批判》，1975年在湖北黄梅"开门办学"我负责讲《反杜林论》。用当时的标准来看，我可以说是"又红又专"的一个例子，"专"就是专业课学习，"红"就是政治理论学习。所以，我后来转向哲学，绝非偶然。

我们上大学时期属于广义的"文革"，全国经历了"批林批孔""学习无产阶级专政下继续革命的理论""反击右倾翻案风"等运动，但就我们这样的在北京和上海以外的工科院校而言，这些运动对我们的学习计划影响不大。总体上说，我们所经历的这些运动，都不是疾风暴雨式的，而是毛毛细雨式的，和长沙的天气一样，这大概就是中心和边缘的不同吧。在我的记忆中，唯一一次真正"运动"到大家的，是一九七四年二二月的"反回潮"，各班都积极组织寻找批判的切入点，一时间校内大字报贴满了院墙，很有点

1976年夏，与同学在中南矿冶
学院大门口。

"文革"初期的味道，其中印象较深的是猛批湖南大学招收的高中毕业生直接进大学的"师资班"。但这次运动仍在学校的各级领导控制之下，在不长的时间内即告结束。对于同学们来说，大家都知道学习机会难得，何况毛泽东主席也说过"学生以学为主"，所以此后对运动都没有什么热情。特别是，由于工科学生"开门办学"的时间很多，像我们1974年夏天在新化锡矿山，1975年春季学期在石家庄煤机厂，1975年秋季学期在黄梅地质队，1976年春季学期在桂林地质所，课程和任课老师也都随学生一起下去，很少有时间在校内参加运动。但国家大形势如此，运动自上而下，任何机构不可能完全置身于外，大学教育也不能不受到连绵的政治运动的影响，这是特殊时代环境的限制。对于这些运动本身，我都没有兴趣，但趁着潮流也看了一些相关的书，"批林批孔"中读《论语》，使我对孔子非常同情。1973年底看郭沫若的《十批判书》，也看杨荣国1949年前在桂林写的《中国古代思想史》，开始形成了一些与时论不同的有关古代伦理思想的初步看法。而这些想法就是后来我报考北京大学研究生时给张岱年先生写信的基本内容。

孟子说过："天将降大任于斯人也，必先苦其心志，劳其筋骨，饿其体肤，空乏其身，行拂乱其所为，所以动心忍性，增益其所不能。"这是大家耳熟能详的话。就我个人来说，在内蒙古兵团的劳动可以说是"劳其筋骨，饿其体肤"，在长沙上大学可以说是"苦其心志，动心忍性"。我虽然没有受到什么大任，但这些当工农兵和工农兵学员的经历在我的人生中都有正面的意义。在内蒙古的社会实践中打下了人文社会科学的基础，开始养成阅读经典原著的习惯；在工农兵学员的时代继续拓宽和发展了对人文社会科学的知识，而且经过比较系统的理解能力的训练，提高了综合素质。这些可以说都对我后来的学术发展做了铺垫和准备。

大学毕业时，由本专业教研室支部书记李达焕老师和我一起，研究决定本班同学的分配方案，我放弃了留校和去国内本专业最好的科研单位，选择了华北会战指挥部。我在1976年8月大学毕业，一年后，1977年10月国家宣布恢复高考制度，随后1977年11月初国家又宣布恢复研究生及考试制度。1977年11月我报考了北京大学1977级哲学系的研究生，后来1977级和1978级合并招生，考试延后，我在1978年5月参加研究生考试，又通过复试，被录取为北京大学"文革"后首届研究生，进入北京大学著名的中国哲学史专业学习，找到了真正属于我的地方。这样，我就在这一年实现了两个跨越，一个是从工科到文科的跨越，一个是从工农兵学员到研究生的跨越。1977级本科生、1978级本科生和我们1978级研究生都是1978年入校，当时的研究生依照"文革"前制度，佩戴红牌，一切待遇视同教员，可在宽敞无人的教员阅览室学习，深为1977、1978级本科生所羡慕。1981年我毕业留校任教，后又考取了北京大学首届文科博士生，1985年获得哲学博士学位，成为北京大学首批文科博士。至此，我的学校学习的经历结束，开始完全转入大学教书的生涯。

2006年9月写于哈佛大学旅次

大师的小事

——我的研究生考试

　　对于一个北京大学的人来说，逢五逢十的校庆年，难免会碰上"我与北大"这个题目。这是个写不尽的题目。今年是北京大学的百年校庆，我已经写了几篇，略谈到北京大学的精神、北京大学的传统、北京大学的学风，其中一个意思就是强调大师对于大学的重要意义。可是我自己还没写到北京大学的大师，而且写出来的文字大都与"我"联系不多。于是，我就想起我与大师有关的故事。

　　这是两封信的故事。一般说来，我没有保存自己或者别人信件的习惯。不过，重要者除外。所谓"重要"，当然就是值得保存的了；而所谓值得，不仅是当时收到信时的心情所感，也是因为与个人的人生道路的转折有重大的关联，才有藏之久远的意义。在这些保留下来的信中，有两封是张岱年先生写给我的。学界的朋友都知道张先生是我的老师，不过，这两封信却都是他在还不认识我的时候写给我的。而这两封信对于我的意义，非比寻常。

　　1977年秋天，我参加冶金部地质司的工作组回来，在《人民日报》上看到恢复招收研究生制度的消息，精神不由得为之一振。没过几天，便跑到北京大学，询问报名的事项。那个时候，研究生招生办公室设在四院的一个小屋，只有一位周老师，还是刚刚从昌平调回来的，招生简章也都没印出来。她和我谈了谈，最后说，你既然不是北京大学毕业的，何不考你们自己的学校呢？她的话，不用说，让我沮丧了好一阵子。

不久，收到了招生简章，我就"下定决心，不怕牺牲"，咬牙选报了北京大学哲学系中国哲学史专业的研究生。照招生目录上说，中国哲学史专业的研究生，由张岱年先生为首的指导小组作为指导导师。于是，借进城办事的机会，我钻到北京图书馆查书。在北海旧馆里借得张先生的《中国伦理思想发展规律的初步研究》，读后，觉得透彻明白，甚合自己的心思，快慰不可言。于是，一口气写了一篇文章，谈我对传统道德批判继承的看法。又写了一封信，说明自己的学习经历，一并寄给了张先生。

我既然敢报考北京大学的传统实力学科，那就表示我在知识基础方面是有信心的；但我原来是学理工科的，又不是北京大学毕业，所以要论"出身"，总免不了有几分心虚；让招生办的老师一说，更生出一些自惭和不安。所以，对于学工出身的晚生我来说，张先生不啻如泰山乔岳，是仰之弥高而不可攀的老先生。我写了信去，主要是为了介绍自己，让先生对我有所了解。而在我，是绝不曾，也不敢奢望老先生回信的。

1978年4月，写信后不久，忽一天收到张先生的回信，中云：

陈来同志：

　　来信收到，你的文章暂为保存，以备评定成绩时参考。希望你努力准备。特复。

　　此致

敬礼！

张岱年
1978年4月3日

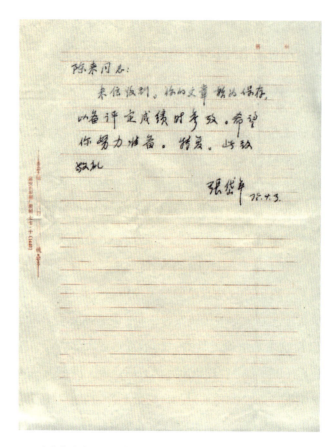

张岱年先生的回信（1）

收到张先生的信，真的是喜出望外，欢愉非常。照我自己的理解，以张先生的地位，本来并没有必要和义务给报考者回信。所以这回信本身，便是先生对我报考北京大学的鼓励，也是先生对我的文章和观点的某种认可。自从招生办的老师无意中"打击"了我的积极性以后，一直有点压力。张先生给我的回信，对我的鼓励，使我的精神得到了一种"解放"，对我的重要，是不言而喻的。于是，赶快表示感谢。1978年4月收到准考证，5月16、17两日考试。考完试，在等待公布成绩期间，我又给张先生写信，谈初试的感想。6月，复收到张先生的回信：

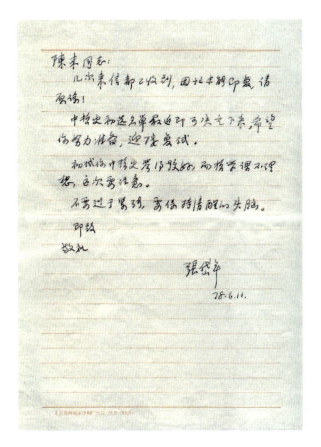

张岱年先生的回信（2）

陈来同志：

　　几次来信都已收到，因忙未能即复，请原谅！中哲史初选名单最近即可决定下来，希望你努力准备，迎接复试。初试你中哲史答得较好，而哲学课不理想，这次要注意。不要过于紧张，要保持清醒的头脑。

　　即致

敬礼！

张岱年

1978年6月11日

正在我忐忑不安等待成绩的宣判时，张先生的信又一次给了我鼓舞，让我"不要过于紧张，要保持清醒的头脑"。要知道，我当时只是先生素不相识的一个考生！而先生对我的关心爱护溢于言表。当时还没有发复试通知，但张先生的信中说"希望你努力准备，迎接复试"，无异于告诉我初试已过，取得了复试的资格。当时那种兴奋的心情，不是今天用语言可以表达得了的。6月15日北京大学招生办发出复试通知书，我接到通知书，一看上面的笔迹，即知为张先生亲自填写。7月10日复试，地点在俄文楼。我因为以前不是学文科的，初试前对文科答题的形式和题型一无所知，但初试之后，我已经心中有数；在复试之前，我曾模拟了二十几道题，作为准备。结果复试时抽到的两题，皆在模拟之内，暗自欢喜。复试的方法，是先从卡片中抽题，准备半小时，口答半小时。我因题目在准备之中，便站在窗口瞭望，监考的姜法曾老师很觉奇怪。进去后对答颇自如，多年锻炼的表达能力亦有所表现。出来后我对自己充满信心。口试的场景，我至今依然记得，当时张先生主持口试，并且首先提问，当时我已经能体会到张先生对我的爱护之心。

考试前，心里有个避嫌的念头，不敢去看张先生。考完复试，趋蔚秀园拜谒张先生。这是第一次与先生面谈，先生宽和蔼然，极为可亲，告诉我已被录取。于是，我在1978年10月6日入册北京大学，佩戴红色校徽，开始了在张先生指导下的学习研究。多年以后，张先生还向人提起我在研究生考试前寄给他的文章："他对伦理学有体会，他寄给我的第一篇文章就是关于伦理学的！"至于我自己，20年来，在学术上略有些成绩，总算是没有辜负老师吧。因有张先生的风范和自己的经历，我当研究生导师以来，对求考者的询问，一向亦每信必复，唯恐遗失了人才。

今年是北京大学百年校庆，我写这篇小文，是要说明，北京大学之所以为北京大学，其中重要的一条，就是因为她有像张先生这样不拘一格、爱惜人才的大师。

1998年3月2日于燕北园

燕园道问学

——研究生学记

以下的这些文字，对我来说，也许过二三十年再写更合适些，但杜维明教授坚持认为有此必要，却之实在不恭，我也就只好勉为其难了。

昔孔子十五志学，三十而立，又说："后生可畏，焉知来者之不如今也？"南宋朱子注云："孔子云后生年富力强，足以积学而有待，其势可畏，安知其将来不如我之今日乎？"现代人研究学问，既不能十五志学，也就甚难三十有所立，实愧对孔子"可畏"之语。就以我来说，虽然已经年近不惑，可是于积学成德仍然无所立焉。

我在大学念的是地质系，研究中国哲学是后来的事。大学毕业后在一个地质研究所工作了两年，照理说，这个工作也不能算不好，但我的心思始终在文史一途。大学念地质系并非志愿，只是在"文革"特定年代，为了尽快离开农村不得已的一种选择。真正说来也不是选择，而是"分配"。所以，在我念大学的那一年，因大多数人还在"山"上"乡"下"接受再教育"，而我能上大学已被视为从"习坎入坎"变为"飞龙在天"，但自己脑子里常常出现的却是《红楼梦》里的那首《终身误》中的"纵然是齐眉举案，到底意难平"。这"到底意难平"正是当时未能如愿读文科的心境写照。入学不久，我在雾中登上学校背后的岳麓山，在山上曾做得二首小词，其中有一句"红叶虽无落地意，何奈秋风"，这"落地""何奈"几字正是指我当时不情愿念地质系的沉闷心情。

我下乡的时候是在所谓"建设兵团"，干活的大田距住处颇远，上下工每天在沙漠中往返三四个小时，大体上白天干活，晚上可以看书，所以四五年里也还是念了些书。读书的兴趣，受朋友的影响，是以文史哲为主，先念马克思、恩格斯以及列宁。马克思的哲学本来源自所谓"德国古典哲学"，特别是黑格尔，并不容易读，初读《神圣家族》《德意志意识形态》《黑格尔法哲学批判》，甚觉吃力。所以念过马克思著作对后来读德国哲学不无益处。我认为，学哲学的不管开始念的哪一家，都可以训练思维，虽然你可以赞成或者不赞成这一家的哲学，这正是"千蹊万径皆可以适国"。马克思和恩格斯的书我扎扎实实读了十几本，其实当时哲学系的本科学生也总是从教科书入手，马克思的原著未必念几本。不过当时我读马克思也并非要达到一个什么长远的目的，大抵是当时的社会思想环境使然。其他所读的就更无一定的计划，我下乡时带的书只有范文澜的《中国通史简编》、游国恩的《中国文学史》和一本《唐诗三百首》，所以基本上是借得到什么书就看什么书。后来，书籍的"解放"日渐发展，念的书也就比较杂起来。但总的说，文学虽也有兴趣，如汉赋喜欢宋、枚，唐诗偏爱元、白，但兴趣主要还是在理论思想方面。下乡的后期，对政治经济学尤有兴趣，也曾略下功夫，当时最大的愿望是到北京大学念经济系。

在大学里，因当时没有什么考试，专业课的负担并不重，所以我把相当一部分时间用来念文科方面的书。在农村时书的来源还是太有限，现在的大学虽然是理工学院，但图书馆和文史阅览室对我已足以资用。那几年念过的书既杂且多，也不必尽述，和思想史有关的，是将苏联人敦尼克主编的全套《哲学史》细读了一遍，获益匪浅。如那一年刊出马克思论微积分的《数学手稿》，号称费解，但我因已对希腊哲学有所了解，即从芝诺一派的辩证法很容易把握到马克思的思路。不过，那时在思想史上的兴趣，偏于欧洲，特别对早期共产主义、社会主义思想家很留意，如摩莱里、马布利、傅立叶及比马克思稍早的魏特林的书都一一读过。回想起来，大学那几年读的书大都是外国历史、哲学，中国古典方面却是很少，除了手头有一部新版的《汤显祖集》时常翻阅外，与古代哲学思想有关的典籍几乎没有接触过，这也许和当时书籍来源的限制有关。"批林批孔"时讲所谓"评法批儒"，解放了一批古典文献，但除了已加"批注"的《论语》外，我全未涉猎，读北京大学编的《儒法斗争史》和杨荣国的《中国古代思想史》是我第一次比较系统地接触中国思想史。有一次听杨荣国讲"批孔"，翻来覆去不过是子见南子、阳货送猪肉，令人反感；"批孔"既然强调把孔孟之学作为封建主义意识形态来批判，在逻辑上与孔子人格是否完美毫无干涉。在这之前，我也看过郭沫若的《十批判书》，郭的文字我不喜欢，但观点上大体赞成，因而对毛泽东所谓"十批不是好文章"一说也觉得难以理解。在"批孔"的时候接触儒家思想，我经常意识到，自己是认同孔子和儒家伦理学说的。现在看来，这和少年时代所受的教育有关。其实，即使在1949年以后，除了"文革"强调"与传统彻底决裂"的时期外，传统文化的影响并未断绝。不仅"子曰：学而时习之不亦乐乎"是小学课本必读的内容，儒家的教育思想、伦理原则还通过各种渠道对社会保持影响。我小学五年级的班主任经常在教室黑板上写一句古人格言，我清楚地记得，他第一次写的是"己所不欲，勿施于人"，这对我有十分深刻的影响，由此亦可见二十世纪五六十年代民间教育的一般气氛。

1977年秋，中国大陆在"十年动乱"之后，宣布高等院校恢复研究生制度以培养学术研究的高级人才。在报纸上看到这一消息的一个星期后，我从位于北京东郊（通县，今通州区）的工作单位跑到北京西郊的北京大学报名。研究生办公室的周女士告诉我，她自己也是刚刚从十三陵北京大学分校调回来，上任只有一个星期，一切工作还未就绪。应我的询问，她说1977年哲学专业招生的专业是中国哲学史和西方哲学史，并告诉我各专业的指导教授名单、考试科目及参考书目等都还没有印出，她表示将尽快寄材料给我。中国哲学史和西方哲学史是北京大学传统的实力专业，曾在北京大学任校长的胡适之先生就不必说了，1949年以后，北京大学哲学系聚集了汤用彤、冯友兰、朱谦之、黄子通、张岱年、任继愈、金岳霖、朱光潜、郑昕、贺麟、胡世华、王宪钧、洪谦、任华、周辅城、张世英等一大批杰出学者，中间虽建立科学院哲学所，以及后来北京大学内成立外国哲学研究所，人员颇有变动，但学术地位未曾动摇。1977年中国哲学史专业领衔招生的是张岱年教授。张先生字季同，别名宇同，因他在1957年"反右"时遭受打击，外间人士虽多读过他的《中国哲学问题史》（又名《中国哲学大纲》），但少有知其人者。

我选定中国哲学，因是"半路出家"，所以先写信给张先生，讲明情况，并附了一篇我写的关于儒家伦理的文章。多年之后张先生还对人提起："他（指我）对伦理学有体会，他寄给我的第一篇文章就是关于伦理学的。"可见这一篇"习作"给先生的印象颇深。文章大意是反对强调所谓伦理原则的阶级性，从儒家伦理谈人类社会生活的普遍伦理原则，其中对曾受到批判的冯先生的抽象继承问题，做了较详的同情的分梳。张先生1957年已有《中国古代伦理学研究》一书，我写此文时已看过张先生的书，但并非"投其所好"，盖我自己的伦理认同本来即在儒家一面，只是将历年所思，一一加以辩证罢了。

不知什么原因，北京大学决定将1977年与1978年度研究生合为一期，考试推迟三个半月，招考专业也有增加。我因专业已经确定，并准备了一段时间，也就再未改变，虽然当时对经济学颇有点动心。由于我未正式修过哲学系的课程，各种课程的考试如何作答，全无所知，准备考试的方法殊不得要领。我一面熟读任继愈主编的《中国哲学史》，一面念中华书局出的《中国历代哲学文选》（共七册）。后来有人问我如何能一下子就念懂古文，其实也未专门学过。小学、中学的古文课不算数，但我9岁即念《三国演义》《水浒传》《西游记》至烂熟，后来从《东周列国志》至《聊斋志异》及晚清诸小说，无所不读；下乡时有一位老兄手上有《古文观止》，也常借来诵读。加

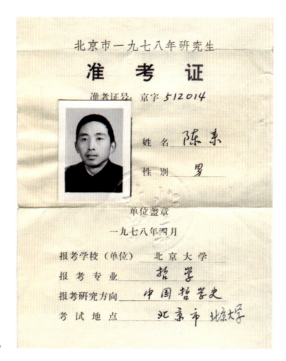

1978年4月，研究生准考证。

之《中国历代哲学文选》隋唐之前每有注释，因此文字上毫无困难。为了考试，着实也下了实在功夫，到了临考时，不仅任继愈的《中国哲学史》各节义理了然心目之中，就连全书所引原始资料，我也一一背诵过来。这个办法失之在笨，得之在实。5月初试完毕，张先生复书给我，说初试中国哲学史考得不错，望我努力准备，迎接复试。我知初试已通过，十分兴奋。根据初试题目的类型和路数，我自己又拟定了十几道题目。复试时桌上放数十张卡片，每张卡片一组题，卡片扣在桌子上，我翻开一张，共两题：其一是"张横渠如何批判佛老"，正是我自己拟定的准备题目之一，心中暗喜；其二是"关于公孙龙白马论的哲学分析"。每人准许准备半小时。我因资料熟于胸中，又已"押"中题目，仅用十分钟就将所需资料写在纸上，即到窗前眺望，监考老师觉得十分奇怪。复试时我感觉很好，很轻松。复试之后，第一次拜见了张先生，先生颇多鼓励，并告诉已录取。先生和蔼可亲，教诲深切，使我感佩非常。这一次研究生考试，对我益处不小。就以背诵原始资料来说，我后来的教书还常得力于此。有一次同学问我何以能够开口成诵，我说这也是当年考试所逼呀！另有一事值得一提，初试四门课，其中马克思主义哲学一门我的成绩竟距及格还差两分。想必哲学系研究生马克思主义哲学不及格是不可思议的，据说因我的总分较高，系里专门派人去查看了我的答卷，最后认定是紧张所致。假如当时因此不许复试，后来如何也就难以设想。其实我并非有意忽视马克思哲学，盖因我是从读原著下手，未曾念过艾思奇的教科书，自以为颇有基础，岂知题目全不凑泊，是以成绩欠佳。这一年报考中国哲学史的有二百多人，最后共取了十人。

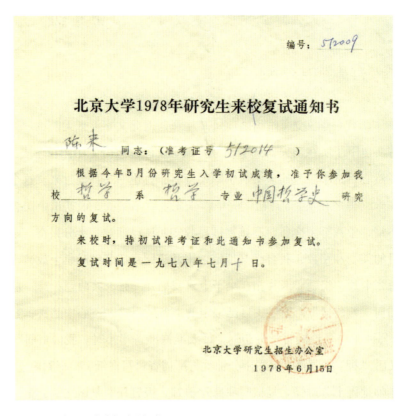

1978年，研究生复试通知书。

1978年，研究生录取通知书。

入学时正是1978年金秋，所有男性研究生全部住在北京大学29楼，"文革"前称29斋，也是研究生住楼。"文革"前，研究生一律发给大学毕业生工资，在校内佩戴红牌（学生戴白色校徽），一切待遇，视同教职员。只是，依旧例，我们这些原来有工作的全由原单位发给原数工资。由于这一届研究生乃是十几年所积，同学间年岁差别甚大，多数已婚。哲学系中哲、西哲、马哲及数理逻辑4个专业共28人，其中3位是女性。老北京大学哲学系的毕业生并不算多，半路出家者却占大半。

初入北京大学，先去拜见张先生请问读书次第，先生告以循序渐进，由浅而难，义理固是重要，文字训释亦不可忽，令先就王先谦《荀子集解》细读之，盖荀子在难易之间，于打基础最为适合。于是到琉璃厂买来清刻本《荀子集解》逐日嚼读，并用红笔逐句点过。张先生又为大家开了一张书单，上列古籍清人及近人注本50余种，同学之中大概我念得最多，但也只念过三分之二而已。

北京大学作为培养高等院校师资的重要基地，是强调教学的。培养出来的研究生不但要有学术研究能力，而且要一出来就能上专业的课，这与社会科学院便不相同，因此朱伯崑教授为开"中国哲学史及资料选读"一课，每周八个学时，长达一年。必修的课程还有张先生开的"中国哲学史史料学""中国哲学史方法论"，以及佛教哲学、科学哲学、列宁"哲学笔记"等，黑格尔的"哲学史讲演录"、罗素的"西方哲学史"、威伯尔的"英文哲学史"则都采取自学与读书笔记的办法。我自己还选了"数理逻辑""集合论""历史唯物主义"。两门外语是英文和日文。这些课要在一年半内学完，然后做论文，学制三年。这些课中以朱先生的课最重，这门课本来计划以念《中国哲学史教学资料汇编》(下称《汇编》)为主。《汇编》是20世纪60年代配合任继愈主编的《中国哲学史》教科书编辑的，与《历代哲学文选》整篇选录的体例不同，采取语录类编的方法，便于教员备课教学，内容也比较多，先秦至隋唐已有八册。但因这套书当初印行有限，难以人手一部，所以后来讲成了朱先生自己的哲学史体系。朱先生资料精熟，据说仅次于张先生；尤重义理分析，得力于恩格斯不少。听他的课很累，但收益甚多，有人说，只要把朱先生讲课的笔记做好，就走到哪里都可以讲课了。任继愈先生招的几位研究生也到北京大学来听张先生和朱先生的课。

先是十位同学共议注释王船山的《周易外传》，作为三年同学的纪念，后来多数同学没有兴趣，半途而废。不过朱先生的课念《管子》时，大家利用郭沫若、闻一多、许维遹合著的《管子集校》，校译了《管子》的一些篇目，倒还是很有意义。听朱先生那门课已经很重，故同学真正随课念完《汇编》的毕竟不多，而我因考试前已背了一堆资料在肚子里，故于《汇编》尚嫌不足，于是随朱先生的讲课进度，讲到哪位哲学家，即借其所著书来读。此种念法因随教学进度，有的也只能粗读，但比起《汇编》的片段，毕竟可以窥见全体，何况当时注重的是纯粹哲学方面。1949年后，中华书局新印校点本古籍虽然不少，但1978年时已难买到，我们的用书一方面买自琉璃厂中国书店的旧书部，主要还是依赖图书馆。好在北京大学图书馆本来藏书甚丰，又加上吸收燕大藏书，足以资用。教员每人十张借书卡，即每人手上所借学校图书不得超过十本。日常从图书馆抱着几大函线装书，走在路上，常见人投来异样目光，大概不知此是何等"劳什子"，自家心中亦暗自好笑。一次借得《宋元学案》和《二程遗书》，题笺竟是胡适之先生。胡博士有一大批藏书在北京大学，有十几年一直保存在俄文楼顶层，大概在他过世之后，这些书也就并入大馆编目外借了。胡适这两部书的题笺大意都是说买自何处，准备用来校勘某某本子。胡适的字我很喜欢，他的藏书有题笺眉批的甚多。他藏书中佛教典籍的题笺眉批，楼宇烈教授近年已辑录不少，每有发现，即影印存录，再过几年也许可以出一本胡适藏书题笺眉批的辑录。《朱子语类》也是上朱先生的课时第一次念，当时关怀所在，是在纯粹形而上学方面，加以朱子书太多，也读不过来，但毕竟是将论理气心性鬼神及论周程张邵的部分念过。

第一学期过去之后，即酝酿分断代，即每人选定论文的断代范围，而分断代意味着分导师。旧例，导师挂牌招生，学生考谁的研究生，入校即由谁指导，是为该教授的研究生。但我们这一届是中国哲学史教研室几位教授集体合招，所以进校时谁也没有固定的导师，或者说全体教授都是导师。但划分断代后就确定了论文指导的导师。大家心中都要做张先生的弟子，我自然也不例外。我入校前多次与先生通信，已自列于门墙之内，先生对我也甚为关怀，入校后的往来也多于他人。但当时不少同学都报了先秦，我无意与人相争，即报两汉魏晋六朝。当时我的心思在中国古代哲学和自然科学的关系，为此在那一年暑假竟未回家（我家距北京大学不过五公里），埋头念"天文学教程"和"中国数学史"。哲学系另一位不回家在校念书的是梅京兄，他读书成瘾，后来在哈佛大学更有发展。暑假过后张先生告诉我，"你们的断代要调整"，通知我分在宋明，由邓艾民教授指导。宋明哲学我也喜欢，这一时期哲学性很强，而且宋明理学中有许多问题，在既有体系中并未说得清楚。我的兴趣本来偏在哲学问题上，先前是想利用我学过自然科学的有利条件，使论文做出比较突出的成果，此路既不通，自亦无碍，于是选定朱熹做论文。我对于朱子当时有两点基本想法：第一，在我看来朱子是一位头脑最清楚的哲学家，理性意识很强，又有文字辨释的功夫，所以他不会含糊其词，左右颠倒，讲那种矛盾的东西；第二，朱子学说就表面上看又确实有很多矛盾，那么，这些矛盾是真矛盾还是假矛盾？是朱子所讲的问题不同，层次有异，抑或是他老先生思想前后有发展？我在先前念《朱子语类》时即发现太极阴阳既是本体论的范畴，又是心性论的范畴，因而所谓太极阴阳的问题就不是单一的。又从前我念陈康先生的《巴门尼德斯篇》，对哲学家思想的前后变化发展印象颇深。事实上，这两点也是我后来做朱子研究的基本进路。

不过，邓先生指导我们（另一位学兄研究胡适），仍从先秦念起，要每人念过四五部原典再进入断代研究。我心中急于进入断代研究，所以很不情愿，但也无奈，于是选了《孟子》《庄子》《公孙龙子》《易传》及郭象。《孟子》自是参考赵注，念焦循的《正义》，《庄子》自然是看郭注成疏与王先谦集解，《公孙龙子》念陈澧的集解，《易大传》念高亨的注。要求是精读，每一家读毕要写读书报告。我的进度大体是三个星期念一家，写一篇一万五至二万字的报告，实际上是写一篇文章。为了尽早进入断代，这个进度是我自己安排的，比较紧张。不过我们从哲学史的角度看书，重点不在乎字解句通，而是在理论上加以分析。我的第一篇关于孟子的文章写得很长，邓先生认为不错；关于庄子的一篇，邓先生认为有两点看法近于罗根泽。当时治先秦的几位学兄都精研庄子，我把此文请他们看。皆称有特见焉。此文我加以修改后参加北京大学"五四学术讨论会"。郭象的思想我早即认为既非唯物，亦非唯心，既非崇有，也非贵无，乃写定一篇，先交张先生看。张先生批云颇有新意，并为推荐至刚刚创刊的《中国哲学史研究》杂志，未几，稿子退回，张先生说他们也未说什么理由。我猜想此文与传统唯物唯心二分之论颇有不合，其不见用，也情有可原，否则以张先生身为中国哲学史学会会长的身份向学会所属的《中国哲学史研究》推荐，本无不接受之理。于是又将此稿交给正在办《中国哲学》集刊的楼宇烈教授。我的文章本与楼先生所见不同，但他不以为忤，终载于《中国哲学》。在念上述几部原典的同时，邓先生还开一门英文的柏克莱哲学，并要我们细读康德的未来形而上学导论，还要我们翻译狄百瑞教授的《明代的个人主义与人道主义》。这一学期我感到十分紧张，常常头皮发紧，真有所谓头昏脑涨之感。

　　1980年春算是正式归到宋明方面来，先将黄全《学案》两宋部分重新念过，然后各写一篇张载、二程报告。二程这一篇算是学年论文，邓先生评价不错；张载的一篇经修改后，1981年1月发表在中国人文、社科的最高学术刊物《中国社会科学》上面。这篇文章我一直以为写得不算好，发表在《中国社会科学》上恐怕也有些因时际会，但开创了在学研究生在《中国社会科学》发表文章的第一例，也不无意义吧。（值得一提的是，这篇文章的稿费我作为纪念，送给了正在热恋的后来成为妻子的她。）二程作为朱子的源头之一，我也相当重视，但当时所思多在纯粹理论上，我是以天人合一思想从先秦到北宋的发展来研究，并比较了欧洲斯多葛派到格劳秀斯的自然法思想。当时正逢教学实习，我给哲学系学生讲濂溪、二程，即将这些

1980年，摄于北京大学。

意思加以申发，后来有两位女同学告诉我，她们竟以为我是学欧洲哲学的。

实际上，所有研究生中像我这般死读书、读死书的也并不多。本来大家年纪已大，心思不易集中，刻苦精神自是今不如昔，再加上成家的难免都有"难念的经"，未成婚的自然会有种种的约会和谈话。也确有些人有"魏晋风度"，如邻室的王宪钧先生的几位弟子，生活之愉快令人羡慕。一来据说搞数理逻辑的本不在乎书读得多少，从金岳霖先生起就不甚读书，只一心思考；二来这几位老兄也实在活泼，从邓丽君到迪斯科，音响放得常引起抗议，还常能约一些女研究生来学跳探戈。我辈念中国哲学的，难免有腐儒习气，像我自觉也够开放，欣赏邓丽君还可以被这几位老兄引为同道，可要说跳探戈，就只有望场兴叹、退避三舍了。为了减轻当时轻度的神经衰弱症，我每天下午去学太极拳，先学二十四式，即觉有效，这"无极而太极"的活动可能比较合于我们这念中国古代哲学的身份。也许外人并不如此看，只是我们自己的心理认同而已。

1980年初夏，我全力投入准备有关朱子的论文。盖在此前，我早已决定做朱子的论文，从孟子到二程都是准备工作而已。1979年冬，美国密西根大学的蒙诺教授访问北京大学，专门约我们几位研究生在未名湖畔的临湖轩谈话。临湖轩原为司徒雷登住所，倚于湖侧，掩于翠竹，极是优雅，现为外宾接待处。蒙诺问，社会科学院研究生多做宋明的题目，为何北京大学只有你一人做宋明？美国人以为此中隐含什么学术发展的动向。我说偶然性居多，如导师的专长和兴趣可能常常是决定性的，像社科院容肇祖先生专长即在宋明；而任继愈先生的几位弟子都做王船山的论文，是和任先生当时的兴趣有关；而我之选定宋明朱子，也并非有学术计划使然。他问我朱子所说"心统性情"如何解，我当时研究未深，亦无法明确回答，只是说此话出自横渠，朱子加以申发，其论亦不过谓心兼性情而已。这个回答等于没有回答，不过对方听说此语本出横渠，亦露出诧异的表情。其实我们那一年的论文题目是很多样的，如《论〈庄子〉〈管子〉》《张湛〈列子〉注》《严君平及〈老子指归〉》《郭象〈庄子〉》，有一位从先秦改为戴震的伦理哲学；也有做断代专题的，如进化论在近代中国的研究；还有做通论题目的，如程宜山兄。"文革"前程兄本是北师大历史系的高才生，"文革"中被分到河北农村教书。他不但极富才力，且所具有的现代物理学与科学哲学的知识令人惊奇。他做的题目是《中国古代的元气论》，几年前已由湖北人民出版社出版。我在刚刚划分断代时即已认定朱子为研究对象，虽邓先生令去读先秦诸家，但我已开始研究《朱子年谱》，将其节要抄录在笔记本上，盖原书中存录朱子文字太多，不必尽录。又借得李绂《朱子晚年全论》，将其所考结论亦一一抄录，时常检看，所以等到写完二程的报告，朱子一生行事已了然于胸中。

我一开始确定研究朱子，目的性就很强，心中早已定好题目，即朱子理气观的研究。盖听朱先生的课时我同时参看冯友兰、侯外庐先生的著作，即发现朱子既讲理气在先，又讲理在气中，又有逻辑在先的讲法。至于其意究竟如何，诸家各立一说，只取于己有利的材料。我研究朱子，必得解决此一问题。于是先将《朱子语类》《朱子文集》《四书或问》《太极西铭解义》诸书中论理气心性等哲学问题的语录，一一抄在卡片之上，每天从早至晚，在图书馆的文科教员阅览室里工作，经数月录完，但从义理上仍不得其解。因思朱子19岁中进士，24岁从学延平，71岁死去，其思想有发展变化。其实念《朱子语类》时我即注意到，卷一论理气诸条，讲逻辑在先的几条悉出于庆元之后，实属晚年无疑，疑其早年不如此。此即为一"大胆假设"，但须"小心求证"，乃以全部心力考证朱子，一个暑假全未休息。《朱子语类》为140卷，《朱子文集》为120卷，考证殊不容易，但科学研究必得如此。假定我们说"文集书札之排列皆按年秩"，根据这一点，如能断定答某人第一书为某年，则其第二书即使不能确考，亦可依文集编例推定在第一书之后。但"文集书札排列皆按年秩"这一结论必须全部考证过朱子书信后方能得出。也许考证结果是前一假定根本不能成立，文集各家书信的排列全无次序，则上一推定亦不能成立。又如《朱子语类》所录每条均有记录者姓氏，全书卷首有《语录姓氏》，说明某人所录在某年或某年至某年间。若张三所录唯在某年，则每条语录记录之年便不难见。若张三所录在某年至此后十年之间，则张三所录各条的年代就不易确定，这就须进行全面的考察，找出其他可以依据的规则来。我先动手做《朱子语类》的工作，做了一半忽闻《东方学报》有田中谦二本《朱门弟子师事年考》，借来一看，甚喜，《朱子语类》已不必做，复专做《朱子文集》朱子书信之考证。《朱子文集》所载朱子论学书信乃朱子哲学思想重要材料，数千封，我因已看过李穆堂全论，此种考证之法已知，年谱行事亦熟于胸中，于是将书信一一加以考订，中间查考《宋史》、《宋会要》、宋人文集、清人著述自不必说了。各种工具书在文科教员阅览室也还完备，如台湾编的《宋人传记资料索引》等亦皆有之。只是因没有索引，许多地方全凭人脑记忆，如某一书提及某人某事，记忆中有书以及此人此事者，即以之相互参证。考证结果共写满了六个笔记本。1980年10月将笔记本所写抄在横格纸上，次年春又抄在稿纸上，计20余万字，题目为《朱子书信年考》。那一个时期因为太用功，眼睛常觉得难受，教员阅览室的《四部备要》《朱子文集》也快被我翻烂了。

1980年秋，华东地区宋明理学讨论会在杭州召开，这实际上是次年在杭州召开全国宋明理学讨论会的一次预演。我随邓先生前往参加，借机对当时全国宋明理学研究的现状做一了解。1949年至1980年，宋明理学的研究大体是在低潮，虽然研究的学者数量不少，但有一个时期他们把注意力放在用苏联人转述的马克思主义哲学史观解释中国哲学的材料上，且注重写通史，以致对宋明理学家专人的研究专著竟是空白。在这次会上，东道主拿出他们写的王阳明哲学的小书，请大家提意见。也是在这次会上，我听到了一系列撰写宋明哲学家思想专著的计划。我从杭州开会回来，北京大学的竞选运动已经热烈非凡，哲学系研究生已成两派分裂：以胡平为首的自由派提倡言论自由，另一派学友加以反对。北京大学亦有好几位女生出来竞选，走在图书馆的路上，女学生热烈激动地高谈阔论，使人想起"文革"初期，此亦一时热闹也。

北京海淀纪艺

1981年，北京大学哲学系中哲史专业七八届研究生毕业留影，后排居中为陈来。

有了材料的基础，我的论文写得很顺利，论朱子理气论之发展演变，从朱子早年从学延平说起，论延平关于理的思想对朱子的影响，中间丙戌、己丑之悟略为表出。盖我初下手研究《朱子年谱》时，即见王白田于两次中和之悟极为着意，而此一问题却不见做哲学史的人提起。因问邓艾民先生，先生却令我自求其解，故为详细考察。这一部分本写入论文初稿，后因为北京大学规定论文不得超过五万字，故而将那一段大部删去。然后做《太极解义》时的理气论，进而考察南康前后至《易学启蒙》的发展，朱陆之辩及守漳前后着墨颇多，而以庆元以后为晚年定论。大意以为太极解义时朱子理气观主要是一种本体论，后来发展出很大的宇宙论成分，晚年觉其矛盾，始有逻辑在先说，又以朱子理气观有论本源、禀赋之不同，加以疏解。论文答辩会除本校教授张先生、朱先生、邓先生、楼先生外，外请任继愈先生、邱汉

1981年，硕士毕业证书。

1982年，硕士学位证书。

生先生，以任先生为主席。任先生评语谓"有说服力、有创造性"，邱先生亦许"独辟蹊径，发前人所未发"。1981年秋，我毕业留校任教，诸位窗友或在北京或分外地，一时散去。是时正值杭州宋明学会，我因办理手续，未能参加，在家中伏读钱穆先生《朱子新学案》。盖日本友人吾妻重二来自东京早稻田大学，携有此书，曾略翻看。一次与主编《中国哲学》的先生谈及此书，即约我写一书评，以加强海内外学者沟通，于是写成《朱子新学案述评》一文，载于《中国哲学》。这一篇文字据说钱先生看后尚觉满意，我于朱子确曾下了考证工夫，所以略能就此说上些话罢了。

中国自1950年以来一直未实行学位制度，50年代学习苏联，曾有副博士研究生一说，即研究生毕业授副博士学位。但后来未真正实行，所以到我们这些"文革"后第一批研究生进校时依然是如此。不过质量标准是有的，教育部一直把达到苏联副博士水平作为中国研究生的质量标准。到了我们毕业这一年，宣布实行学位制，研究生论文合格者颁硕士学位，论文答辩时委员会投两次票，第一次决定是否通过，第二次决定是否给学位。哲学系基本上都给了学位，而有的系竟有三分之一未给。其实大家认为得一硕士已是吃了亏降了格，再有得不到的，其不愉快可以想见。实在说我们这一届研究生质量是较高的，因为大家年纪也大些，人生阅历和知识面较广，思考能力也较强。我们毕业的第二年公布了首批博士生导师的名单，北京大学哲学系是张岱年先生、黄楠森先生和王宪钧先生。王先生是王浩先生的老师，黄先生为系主任、马哲史的专家，张先生则执中国哲学史界之牛耳。有了博士生导师，

1982年，博士研究生准考证。

表明要继续授博士学位，时刘笑敢兄、鲁军兄都决意报考，我在内人催促之下也决定一试。但招生名额只有两名，有鉴于此，鲁兄为成全我与刘兄，竟未报名，至今想起还是有些歉然。不过后来鲁兄与汤一介教授一起创办"中国文化书院"，弘扬传统文化，成绩斐然，亦可说变失为得。博士研究生考试也是四门，另加口试。北京大学第一届博士研究生文理科各四名，共是八名，这也说明录取是颇为严格的。

1982年，我教中国哲学史，教学中有时也发现些问题。一次教研室开会，我问张先生，"横渠心统性情"一语不见于张子著述，究竟出于何处？先生对横渠最熟，答云朱子言张子有此语，必有所据，或出自其《孟子说》，惜今已佚。又指示北京图书馆有一书《诸儒鸣道集》，中存横渠书若干，可去查看。到北京图书馆借得宋本《诸儒鸣道集》一看，乃是一种丛书，不仅收有横渠书，亦有濂溪、二程诸书，于是以通行的周张二程诸书去校。虽然张子之语仍无着落，但对《诸儒鸣道集》做了一番研究，有所收获。盖此书将朱子以前道学名著举收入之，其中不独《通书》据考版本最早，其《二程语录》竟与朱子所编《遗书》略异，显是出于《遗书》之前，其中《忘筌书》《圣传论》向来皆以为佚失，其实皆收于此集中。又考订此书集于乾道之初，乃吾国最早的丛书，因撰成文加以讨论。后因杜维明教授催促，发表在《北京大学学报》上面。

向来做朱子研究，有一事未决：《周子全书》集说引朱子曰"太极生阴阳，理生气也"一条，语气甚明，于哲学关系不为不重，但这一句话不见于《朱子语类》（下文称《语类》）《文集》一切朱子撰述中。曾请问冯先生、张先生，皆云不可晓。1981年秋，中华书局标点《语类》，准备出版，请邓艾民先生审阅标点稿，邓先生即命我查北京图书馆及北京大学图书馆朱子语录存目。乃见有刊本叶士龙《朱子语录类要》（下文称《类要》），其中记录者姓名竟有九人不见于《语类》姓氏，邓先生疑其中或有《语类》所未载者，遂建议我检看，若有即可补于新标点中。但此事甚苦，盖《语类》140卷，

《类要》18卷亦不下千数条。若将《类要》中每一条对照《语类》检看一遍，不独《语类》要翻破，时间亦不知要几年。我先将《类要》中熟见的语录标出，然后将《类要》中的条目在《语类》中相近的主题卷中查找，最后将所剩的条目录出，反复诵读熟记心中，再从头至尾仔细翻检《语类》，一遍之后，将条目熟记一过，再从头翻检《语类》，反复几近十次，总算查得《类要》中有100余条不见于《语类》，于是交与中华书局作为附录。但人脑并非机器，所剩一百余条中也许仍有《语类》已录者，但我当时已疲累非常，无力再查，即此结束。但心中总觉此事费力不讨好，思之再三，恐就此印出后，他日有日本学者在此基础上细加勘查，寻出一二十条来，岂不坏事？由此决意通知中华书局撤回附录，时邓先生意尚有不足，然我已决，也只得如此。此一番查对的过程中，我很留意向来找不到出处的一些文字，如前说《周子全书》所引一条，在查书时即甚留意，但终亦未见。1982年春夏，我在北京图书馆校《张子抄释》时，一日思寻《朱子抄释》出来一观。读《朱子抄释》，向来"理生气"一语出处不明之疑乃决，遂写成文。后陈荣捷老先生见此文，颇为表彰，实是愧荷无已。

我由教师又变为博士研究生，原工资照发，教研室的会不必经常参加，也没有什么特别的课程（英文写作和口语的提高班），基本上专心做博士论文。往年做《朱子书信年考》，只考得文集正集的书信，一来因为续、别集的材料与哲学有关者较少，二来时间有限。现在既然有时间，即动手将续、别集的书信一一考证，并将正集所考重加审看。1982年，我曾将《朱子书信年考》缩写成八万多字的《朱子书信系年简目》，由《中国哲学》接受。但自那时以来，《中国哲学》因无财政支持，日见艰难，几乎两年才能出一本。学术著作出一本赔几千元甚至上万元，出版社不愿意出，也是事出有因，出版体制太死，没有活动余地，学者无可奈何，只得自认晦气，或另寻门路。《中国哲学》自1979年创办以来，是中国哲学史界水准最高的刊物，这也和它的容量大有关。一般杂志刊登文章皆在一万字左右，作者在引证史料和理

1983年冬，北京大学博士生外语班合影，前排左三为外教邓永锵，后排左二为陈来。

论表述上都必然受到较大限制。《中国哲学》一向待我甚厚，其处境如此，令人叹息。1983年在北京大学勺园见到来访的杜维明教授，他知我的《朱子书信年考》出版有困难，便建议我考虑到海外出，但当时正批"精神污染"，我未敢贸然应允。现在想来颇有些后悔，不过杜教授的好意我终不敢忘。

我从研究生起，朱子学研究方面的用力多在考证和史料掌握方面，这也是为了做好论文不得不然，但心思还在哲学问题和方法论上。考证功夫做久了也会成癖，我在北京大学哲学系教哲学史，自然不能完全走入考证一途，时常有意花些时间看外国哲学。同时，我希望我做的博士论文不仅要有实实在在的工作，而且在理论上应当有一个较大的突破。国内学者一般视朱子为一客观唯心论者，与柏拉图或黑格尔相近。以朱子与柏拉图比，并非毫无道理，与黑格尔比则相去太远，柏拉图的问题本身也并不那么简单。但我研究朱子，觉得从老子到程朱，这一类哲学的本休论很难说是唯心论，当然也不是唯物论，而且也不是二元论。这种本体哲学面对的真正问题并不是近代西方人强调的心物问题。这是一种特殊的哲学形态，难以用流行的西方哲学类型来比附。于是我提出一种新的解说，但新的理论必须考虑到不要与传统唯物唯心两分的哲学史观发生正面冲突，这样我就写了一篇文章，从老子、朱子哲学的形态谈起，发展出一种与时贤不同的方法论体系。在这个新的方法论中，唯物唯心的对立不再被看作永恒的普遍法则，而视为我所提出的普遍法则在欧洲近代的特殊表现方式。这一想法竟得到张先生的首肯，为此我很兴奋。盖1979年至1982年中国哲学史界在方法论问题上有大争论：一些学者提出中国哲学的基本问题并非恩格斯所谓"思维和存在"问题，认为哲学史基本不是唯物唯心两分，而是三分，认为三分才是真正的辩证法，反对以唯物唯心斗争为哲学史发展的基本线索；另一派学者则坚持恩格斯论断的普遍性和有效性。我的主张则是力图避免直接的对抗，站在一个更高的普遍层次上来看问题，并把唯物唯心的对立作为一种特殊情形容纳在其中。1984年夏，我在天津蓟州区召开的中国哲学史第五次夏季讨论会上讲了这个意思，未料到个别学者指摘我"出了圈"，弄得张先生也颇紧张。受了这一瓢冷水，我有些丧气，但又不甘心，只得将意思收起半截，另半截写在博士论文第一部分的小结里。

从前北京大学、清华大学哲学系传统不同：北京大学是唯心论，清华大学是实在论；北京大学是心学，清华大学是理学；北京大学重哲学史，清华大学重逻辑分析。1949年以后合为北京大学哲学系，故今日北京大学中国哲学史一科实含两个传统。从1949年以后的情况看，哲学理论上都以马克思主义为准绳，但治哲学史方面，一是汤用彤先生代表的重视史料的传统，一是冯友兰先生代表的辨名析理的传统。而冯先生因20世纪30年代后俨然是中国哲学史的开山者，其影响自是更大一些。后来在我的博士论文答辩会上，朱先生说我是继承了北京大学辨名析理的传统，这本也不错。我自度所长，本是在此一方面，但我主观上丝毫未忽视史料考证和掌握，而用力则多在后一面；冯先生以哲学家之风治中国哲学史，不甚重史料辩证，此在今日很难仿效，这是我略不满于冯先生的地方。也许是自己资质太差，总之我的意愿是试图结合两种传统，庶几体用兼备而理事合一。我做博士论文大体是这个路子。

我的博士论文写了四个部分——理气论、心性论、格物致知论、朱陆之辨，每一部分又分为若干章，如理气论中有理气先后、理气动静、理一分殊、理气同异等章，其中理气先后一章自是由以前的论文改写而成。我的写法大体上是注重问题，不专门讨论范畴。我写的这些问题固然都是朱子思想的大题目，但也可以看出，我关切的还是从哲学着眼，故与哲学无直接关系的部分即舍去。这也和博士论文不能写得太长有关。后来证明，25万字的打印装订费用就已超过北京大学规定允许支付的限额了。表面上看，我做博士论文没有太大的困难，材料已充分掌握，结构也已确定，其实下笔甚难，每一个问题都殊费思索。因朱子哲学中几乎每一个问题都有不同的说法，若只照一路讲下去，如教科书所作，自是可以清楚明白，但等于自欺欺人。因而每个问题都须加以多方面的辨析分梳，里面有概念的问题，有角度和层次的问题，有思想发展的问题，总之没有一个问题是顺顺利利地写出来的。朱子讲话太多，他的讲法又常互有出入，"横看成岭侧成峰"，颇为复杂。另外，在每一部分都要做一个历史的考察，好在各节考证多少有些心得。1984年，我刚刚写完心性论一部分，一位日本朋友送我一篇论朱子学格物论的文章，其中有一处提到李退溪有"四端七情"说，这"四端七情"几字已足使我吃惊。我写朱子，已发现朱子心性论的矛盾，究其症结，"四端七情"正是其一。于是写信给日本友人，请他寄退溪论心性的材料来，这位朋友便将《四七理气往复书》寄给我。退溪称海东朱子，我们专门研究中国朱子哲学的，研究退溪不过顺手牵羊，并非难事。于是当下写就一篇论李退溪四七之辨的文章，也是登在《北大学报》上面。1985年我获得学位后即赴筑波大学参加退溪思想讨论会，给的论文是讨论退溪对朱子学究竟有何发展，并指出四七之辨在朱门弟子已开先河，且以退溪比于南轩，盖韩国学者论退溪常有过头之论，以此稍得中庸之论尔。

1983年，邓艾民先生患肠癌住院做手术。邓先生在教研室诸教授中身体、气色本是最好，突然发病，可谓不测。发病后亦自疑不治，时邓先生有两部未完成的著作稿，一是《传习录注释》，于日本学者成果多有采纳；一是《王阳明哲学》，当时已草有七章。一日我去医院探视，邓先生说，此病短期治愈，那是最好，如其不然，阳明哲学本拟作十章，余下三章就只好由你为补了。我闻此言大有人之将死意味，心下甚难过，但也只得应承，反复宽慰之。次年夏，邓先生竟至不起。邓先生在北京大学是比较偏于宋明研究的，这一来宋明学术研究即落于吾等身上，言念及此，难免有任重道远之感。博士论文的答辩很顺利，校外仍是任继愈先生、邱汉生先生参加，本校则是张岱年先生、朱伯崑先生、汤一介教授、楼宇烈教授（汤一介教授1983年从美国回来后，张先生不再做教研室主任，由汤先生任主任）和正在北京大学讲授"儒家哲学"的杜维明教授。因为这是北京大学有史以来第一个文科博士论文的答辩会，旁听的人很多，我虽然知道通过答辩问题不大，仍未免有些紧张。答辩时朱先生让我辨别朱子哲学与罗素中立一元论，这是针对我原来提出的修正传统方法论的思想而发。朱先生提此一问题，张先生面色微变。但我心知朱先生不过就此一问而已，何况我的"出圈"思想在论文中已收敛起来，故而从容应对，答辩顺利通过。临结束时朱先生笑着对我说："你是太喜欢朱熹。"杜教授在旁立即说："是同情的了解。"大概朱先生嫌我批判的分析不够。

博士论文通过后，我一面继续教中国哲学史课程，一面帮助冯友兰先生做《中国哲学史新编》（下文称《新编》）。北京大学的哲学史课向来分成上下两段，上段由先秦到隋唐，下段由宋明到"五四"。我这年安排在下段，所以先集中精力整理《朱子书信年考》。1982年北京大学制定古籍整理规划，此书列入其中，但当时师友皆建议改为系年之作。这次整理，主要的工作是调整体例，又细加考订一遍，大约花了一个学期，算是完成了这部朱子

1985年，北京大学文科第一位博士陈来的答辩现场。左起依次为陈来、楼宇烈、朱伯崑、邱汉生、任继愈、张岱年、杜维明、汤一介。

书信系年考证。就此，我的朱学研究也可以告一段落。这绝不是说朱子已无可研究，我当然可以研究一辈子朱子，做朱子专家，但北京大学无此传统。有一次哲学所的辛冠洁先生对我说："你们那儿（北京大学）都是通家，我们这儿（哲学所）都是专家。"辛先生主编过《中国古代哲学家评传》等书，他的这种说法颇能表出大学与研究所学者的不同特点。在大学教哲学史，岂能一生只专一两家。冯先生自20世纪20年代末做《中国哲学史》，到今天仍做这个工作。张先生20世纪30年代写成《中国哲学大纲》，时年仅29岁，都是"通"的一路，我自然也不能例外。此一"学"统是不可不继承，不过在断代上有所偏重就是了。这是我打算暂时告别朱子的原因。多年研究朱子，觉得甚能契合朱子思想，朱子神秘性最少，理性最强，其学说多与常识相容，学问博大精深，岂止仰慕，其为人行事，亦足以彰后来。生当今日，我虽不欲做朱子门徒，但于朱子，确有感情；而于象山，终觉有所不合，不知是何缘故。

1985年，北京大学博士学位
证书。

从日本开会回来后，我一面整理朱子书信年考，一面帮助冯友兰先生做《新编》。此事教研室早已确定，只是我一直忙于别的事情。1985年在日本时，冈田武彦先生问我，冯先生现在能不能写自己想写的东西，意思是指冯先生许多年来都是言不由衷。其实，冯先生这些年每个时期写的东西基本上都是他自己当时想写的，故我回答说自然可以。一日见冯先生座椅后小凳上一叠书中有冈田武彦所赠的两册，因将冈田的话向冯先生转述一遍。冯先生说，我现在别的都不管，就是要写我想写的东西。

冯先生我早有接触。1978年到北京大学做研究生时，即去访冯先生，谈到董仲舒和儒家，冯先生谓董仲舒很有贡献。第二次去向他借英文的《中国哲学小史》看，谈到究竟什么是"唯心"。以后，由图书馆回宿舍，常经过燕南园，偶尔会在下午看到冯先生在他的庭院挪着小碎步活动，庭院里即立着那堂前的"三松"。1980年，因朱子的材料问题，曾向他请教，那时我见他精神比1978年时为好。以后又有几次，或有事情，或陪客人造访过冯家。冯先生写《新编》，20世纪60年代起一直是朱伯崑先生帮他的忙。所谓帮忙，是指与冯先生讨论提纲，冯先生写出初稿来再帮他看稿子、提意见。《新编》本在60年代已出到两汉，下面也写出不少。"文革"后期，

60年代的《新编》已经不"新"，须按儒法斗争的格局重新写过，而刚写完先秦，"四人帮"即已倒台，先秦两册又须再改过。到1980年才出版这两册的修订本，卷首即那篇论"旧邦新命"和"反思"的长序。以后到魏晋隋唐部分，由李中华兄帮忙，因中华兄研究郭象。隋唐以后，便由我来帮忙，这自是理有固然。我接手的时候，魏晋至隋唐刚刚誊写出，冯先生让我逐篇看过，以便了解他的思路。其实他的旧哲学史、60年代的《新编》我上研究生以前都已读过，做研究生论文时因着力于朱子，更是把以《新理学》为首的"贞元六书"细细看过。冯先生的一切文字我平时也极为留意，盖此老先生出手即大家手笔，确与常人不同。所以实际上他的思想我不敢说十分了解，至少是毫不陌生。读魏晋隋唐的书稿本不过是为了熟悉冯先生的思路，但我只读到总论，便觉得有不少问题，大都与重要的哲学问题有关，于是第二次见冯先生即谈我的看法，相对谈了许久。待下一次去时，宗璞（著名作家，冯先生的女儿）对我说："我父亲说：'陈来到底是个博士！'"这可以看作冯先生对我的鼓励。冯先生有一个助手，来自辽宁，自愿放弃工作来帮冯先生的忙，并借此学习哲学，住在冯先生家，冯先生每月付他工资。工作程序一般是由老先生口述，这个助手记录，半天写作，半天读报纸杂志。写好初稿，冯先生的一位博士研究生先看过提出意见，然后交给我看。我比较注意资料，因冯先生年事甚高，看书已很困难，许多地方出于记忆，难免有差错的地方，必须帮他把关。至于思想、论点自然是冯先生自己的，但一方面可以提出前后逻辑是否一致一类的问题，另一方面，有些论点的成立是否有明显的困难，以及完全出于我与冯先生不同的哲学立场所提出的挑战，冯先生也都乐于一起讨论。一般我不会完全站在自己的主观立场上提意见，所以我的意见大都会被接受。由他口授修改意见，我写在稿纸边上，最后交助手誊清。冯先生是个哲学家，最喜欢讨论哲学问题，我自己对哲学问题也有很大兴趣，我既感觉到冯先生很愿意和我谈，也就常不掩饰自己的意见。比如冯先生写到宋代，批评朱熹支离，我向他提意见说，朱子可以批评，但说支离，并没有超出陆王的水平，您的批评应当比朱陆更高一个层次，冯先生表示同意。下一次去，冯先生很高兴，说："你上次提了意见，我又重新考虑，现在有了新的处理，改写的稿子你拿去看看。"我知道冯先生为我一逼，又有新的高招想出。冯先生年过九旬，可是思想不但十分清楚，而且十分灵活，一天也没有停止过哲学思维。每次见他，他都有新的思想出现，说"我近来又有一个想法""我近来对某某又有体会"，这常常令我惊奇不已。

我从学张岱年先生多年，又见冯先生，两相比较，使我想起陆象山的一句话："南轩似明道，晦翁似伊川。"这话是否准确可以不去管，以学问气象而言，冯先生似明道，张先生似横渠，倒是不移之论。今人论新儒家大概举梁、熊、冯、唐、牟诸先生。海外对冯先生多有批评，但我看过这些批评，每觉与我所知的冯先生对不上号，所论少有贴切者。大概是对国内与冯先生的情况不甚了了，好像常把一些与政治有关的情绪"迁"到这些问题上来，缺乏真正"同情的了解"。新儒诸老，各家学问进路不同，吾人不必去论，然宋明儒者最讲圣贤"气象"与"境界"，其他诸老我无了解不敢妄论，不知真当得起"道学境界"的能有几人。我观冯先生境界实有过人者，若非其学问修养所积，实难臻此。前年金岳霖先生故去，冯先生写一篇文章纪念金老，写好我看，见其结尾处说金先生可称是"晋人风流"，我即说您正是"道学气象"，冯先生抚髯微颔之。1984年，北京大学为冯先生开从教60年纪念会时，冯先生念了他写给金老共勉的对子："何止于米，相期以茶。"当时梅贻琦夫人也在。1985年12月，北京大学为冯先生举行90寿辰庆祝会，前一晚由冯先生在海淀全聚德宴请亲朋好友及教研室同仁，我赠的一副对联挂在冯先生正座的右首上。盖前一星期我对冯先生说："先生大寿，我写了两句不成文的东西。"冯先生说："念来。"念毕，先生说："大体是很好，但下联最后一句尚嫌有未工处。"我说就请先生在上改一改，冯先生沉吟半晌，在纸上改移了几个字。这对联是：

极高明别共殊觉解真际心通天地有形外
道中庸任自然后得混沌意在逍遥无尽中

上联讲学问，下联讲境界，据说冯先生颇为满意。往年张奚若说冯先生"心气和平，遇事乐观"，这两条并非常人所易能。三十多年来，他常常受到批判，但总能不滞于心，而且从不消极。杜维明教授说他拒绝放弃哲学思维和发言的权力，确实如此。"文革"中毛泽东曾有保护翦冯之说，翦伯赞自裁之后，"红卫兵"一时紧张，上门来做冯先生的思想工作，但又不好明言。冯先生一笑说，就以我受的儒家教育说我也不会那么做。"文革"中哲学系"二冯"首当其冲，冯定年纪小于冯先生，但"文革"后身体极差，几乎起不来。不少老马克思主义学者，听到要受批判，精神顿时为之一垮，甚至陡然瘫痪。冯先生曾指出此中缘由，意谓皆是内心承受外来打击的力量不够使然。冯先生处"批"不动，正如伊川晚年，非舍后如此，乃达后如此，实是他对道学精神境界的修养有受用。有人问冯先生是否喜欢道家，他说："我喜欢道学。道家太消极，儒家功名心又太强。"其言盖有深意在。人无完人，无论如何，他是一个地道的道学传统的哲学家。我的学问本受张先生影响最大，自见冯先生后，觉更开一新境界。

一般认为，张先生是真正的哲学史家。冯先生喜欢借哲学史讲出自己的道理，张先生则推崇太史公"好学深思，心知其意"，强调尽力准确地理解古人的"其意"。但张先生早年也是哲学兴趣最大，受其兄张申府的影响，服膺英国的实在论和分析哲学；后受新哲学影响，欲演成一套分析的唯物论；于中国哲学，尤注重表彰固有的辩证法思想和戴震、"颜李"的实学精神。20世纪50年代中期，他写的关于中国哲学的文章很多。1957年被划为"右派"，遭受打击，"四人帮"垮台后方恢复名誉。自那时以来，连续三次被推选为中国哲学史学会会长，在中国哲学史界可称是"泰山乔岳"。他对整个中国哲学的掌握可以说到了精熟的境地，平生最推崇张横渠，所写文章资料丰富，义理深微，辨析明细，加上待人笃诚，平易谦和，奖掖后进尤不遗余力，平素济人困难也常传为佳话，其道德文章，学界无人不称道。先生平时脾气最好，我见先生发作脾气是在两次论文答辩会上，若有人对张先生的学生提出疑难，先生便不快，有人戏称先生"护犊子"。每思及此，亦觉有趣。我做硕士论文虽非张先生指导，但往来问学反多于他人，我最先发表的两篇论文也是受先生的大力推荐，以故当时刘笑敢兄谓"人皆只有一个先生，独你有两个先生"。后来我跟张先生做博士论文，正式从先生学，实在也不是改换门庭，只不过早有其实，后补其名罢了。

近两年来，精力每难集中，被外间扯东拉西，所写的论文也多不在两宋。本来我因做朱子论文，两宋思想用功颇多，不但北宋五子必定研究，与朱子前后同时之胡五峰、张南轩、吕东莱、叶水心、陈同甫等亦颇留意。陆象山更不必说，写朱陆之辩时《陆象山文集》至少看了三遍。朱门弟子北溪、西山、木钟、勉斋皆略曾用心。有人劝我写两宋哲学史，这对我虽非易如反掌，也算是轻车熟路，但我并无兴趣。我素来爱读难读之书，研究未曾研究的问题，发人所未发之论，只是常叹才力不足，难以有所成就耳。现在的兴趣，比较偏于明代的王学。

我有时也想，成人之道自不唯在儒，然人于道问学之外，必须有真境界，宋儒"浑然与物同体"一类话头，朱子已嫌其太高，但《定性书》所论确非神秘主义，此一种"心地功夫"对人生实有意义。涵养进学，两轮两翼，时代虽殊，其理则一，唯在人识与不识耳。反思既往，自己学问用功，得非亦缺此一截功夫？容再思之。

原载台湾《当代》，第19期，1987年11月

岂弟君子，教之诲之

——张岱年先生与我的求学时代

我最早读张岱年先生的书，是在 1977 年秋天。当时报考了北京大学哲学系中国哲学史专业 1977 级的研究生后，招生办公室寄给我一份招生专业目录。我从目录上了解到，中国哲学史专业是由张岱年先生领衔的指导小组招收研究生，于是就利用进城办事的机会，到北海旁边的北京图书馆去找张先生的书来看。我找到了张先生的《中国伦理思想发展规律的初步研究》，见其中引用列宁关于"公共生活规则"的话，以论证道德的普遍性和重要性，与"文革"和"四人帮"时期的反传统道德的宣传完全不同，觉得精辟透彻，很合自己的想法。于是就写了一篇较长的文章，谈我对道德的批判继承的看法，连同一封介绍自己要报考研究生的情况的信，一并寄给了张先生。后来 1977 级研究生考试推迟，与 1978 级合并，在 1978 年 5 月初试，6 月复试。在这期间我给张先生几次写信，张先生也给我回过两次信。通信的内容与过程，我在 1998 年纪念北京大学百年校庆时写过的一篇文章中有详细记述，这里就不再重复了。

1978 年 6 月复试之后，我前往蔚秀园拜见张先生。这是我第一次见张先生。张先生非常和蔼可亲，告诉我已被录取，张先生和我的师生关系，从此开始。顺便说一句，因为我的舅舅从前是北京大学数学系的研究生，我自然知道北京大学从前对老教授是称"先生"的，所以尽管"文革"中师生关系变化很大，但从1977年冬第一次给张先生写信开始，我一直都是称他为"张先生"的。在我们入学的时候，有不少同学是称张先生为"张老师"的，后来经过一段时间，大家才都称先生，没有再称老师的了。

一

1978年10月入学后，第二天即往张先生家，请问读书之道，张先生让我先读《荀子》。他说："《荀子》在难易之间，从《荀子》开始最好。"于是我就按张先生给我开的书目，跑到琉璃厂中国书店，买了一部线装的王先谦的《荀子集解》，自己用红蓝铅笔逐卷点过，并从图书馆借得郝懿行的《荀子补注》参比对看。在第一年里，张先生为我们讲授"中国哲学史史料学""中国哲学史方法论"两门课，大家都觉得受益很大。由于我入学前已经和张先生几次通信，又已经拜见过张先生，所以在第一年里，我常常去张先生家受教，先生循循善诱，非常平和亲切。据我所知，当时其他同学都远没有我和张先生的交游来得密切。

到了1979年夏天，第二学期末的时候，张先生作为教研室主任，要我们十位同学各报自己的志愿研究方向。我们中国哲学专业的带研究生的方法是：研究生入学第一年不分导师，集中修课，到第二年按自己志愿的研究方向由教研室来确定论文指导的导师。入学时大家都已经知道，冯先生还在受审查，在冯先生之外，张先生是全国最有威望的老先生，所以都想着分到张先生名下。由于张先生讲史料学时特详于先秦的部分，大家又都认定张先生肯定带先秦的方面，所以十个同学有一半都报了先秦。我这个人一向内心清高，素来不愿意和别人争，也不想先去走张先生的关系，于是我就报了魏晋。暑假过后，张先生对我说："你的方向要调整一下。"确定我的方向为宋明，由邓艾民先生指导我的论文。结果张先生指导四名，邓先生指导二名，朱先生指导三名，冯先生指导一名。张先生对我的研究方向的这一调整，对我后来的学术发展起了决定性的作用。

1979年夏，当时大家都在考虑申报的研究方向，同学吴琼是老北京大学的，对系里的情况比较了解一些，他当时显然在琢磨，他对我说，张先生和冯友兰一样，主要的长项还是研究宋明。我那时也没多想，见大家急急忙忙都要报先秦，我就报了魏晋。暑假，我就借来天文学史的书看，准备研究魏晋时代的哲学和自然科学的关系。那时马哲专业的梅京暑假也在学校，见我房间人少，就搬来我们房间住。他准备出国，看的都是英文，我看的都是科学。

暑假后，教研室决定我和吴琼跟邓艾民先生做论文，我的方向定在宋明，吴琼定在近代。吴琼和邓先生在"文革"中同为难友，他和邓先生很熟，习惯称邓先生为"老邓"。我选定宋明以后，很快就决定做朱熹。事实上，我在1979年春天的学期里，上朱先生的课时，曾借了《朱子语类》来看。当时就觉得，朱熹讲理气，有些话是矛盾的，猜想这些话可能前后时代不同。所以方向定在宋明后，我就想来研究朱熹的这些不同的说法，找一个解决的方法。吴琼看我选做朱熹，说："你是不是想要借这块肥地？"我当时不太明白他的意思，后来我大概明白一些，他是说我看邓先生研究朱熹，所以也选此题目，可以利用老师的已有成果做基础。其实那时我也不太了解邓先生的专长，邓先生在朱熹研究方面也没有什么论文发表，我是按我自己的问题和兴趣选的。

我的研究路数也与传统不同，我一上来是从朱子年谱入手，每天细读《朱子年谱》。我还记得有一天人民大学的青年教师姜法曾来我们寝室，看我读朱子年谱，他说他也在读。当时我看到王白田的《朱子年谱》中对丙戌和己丑的中和之悟特别着墨，但不太理解其中所谈的问题，又找不到其他参考资料，就写了一页的问题，请问邓先生。不过邓先生并没有回答我的问题，要我自己研究。我对邓先生说了我想研究朱熹哲学思想的演变，请问有何书可参考，邓先生想了一下，只提了李穆堂的《朱子晚年全论》。我在图书馆借了此书，但其中都是论涵养功夫的资料，并没有我所关心的理气的资料。朱熹的哲学资料主要是两大块，即《朱子语类》和《朱子文集》。就《朱子语类》的资料而言，要确定其年代，需要先确定每个学生跟从朱熹学习的时期；那时我也看到了《东方学报》上田中谦二的《朱门弟子师事考》，语类的问题基本解决了。因此，我就在图书馆每天发愤读《朱子文集》，想自己来解决文集的资料年代的问题，其中最主要的困难是文集中论学书信的年代的确定问题。论学书信中涉及理气问题的，并不很多，但要有理有据地说明其年代，最好把全部书信都一一考证过。这个工作前人没做过，日本学者也没做过，工作量比较大。但我那时年轻有精力，记忆力也强，所以就花了一年时间，将《朱子书信年考》基本做成，先写在了六个大笔记本上，以后又抄在稿纸上。

我的论文由邓先生指导，我就选了朱熹作为论文的主题。不过，虽然论文由邓先生指导，我和张先生的授受关系仍一如既往，我依然常常到张先生家问学受教。记得那时每次到张先生家前，都先看张先生的《中国哲学大纲》，以便提出问题请问，张先生除了回答问题以外，也常谈一些学术动态，偶尔也谈及前辈如熊十力的言行。当时我们已经知道张先生写过《中国哲学大纲》而署名宇同，但坊间并无售卖。我那时天天在图书馆二楼教员阅览室看书，那里有张先生的这部书，而且借阅方便。初读这部书时许多地方不能理解，所以常常就此书中的提法请问张先生。

这个时候我也开始写些文章。1980年3月，我写了一篇论郭象的文章，意谓郭象既非贵无论，也不是崇有论，而是自然论，写好后送张先生看。其中我在一处引郭象的话"君臣上下，手足内外，乃天理自然"，然后说此语开宋明理学之先河。张先生在此处批注说："宋儒天理从《乐记》来，不是来自郭象。"张先生在文章最后写有批语半页，现已不能复忆其全部，大意谓"文章颇有新意""写得很成熟""可以发表"等。于是我就将此文修改后投稿给《中国哲学》，后获发表。5月又写成一篇论二程的文章，文章后部讲了二程和朱子的理论关系，也用了自然法思想来比论天理思想。给张先生看后，我投稿到《中国哲学史研究》杂志，杂志的张绍良同志还跟我交谈一次，但因后来要发表我的关于张载的文章，所以二程的文章退给我，终未发表。7月放暑假，临放假前到张先生家，谈及学术动态，张先生提起最新的《中国社会科学》上论张载的文章，我就借了这本杂志和其他几本杂志回家去看。

在我们念研究生的三年里，张先生从我们入学起，不断送书给我们。这些书或者是他写了序言的，或者是他参加编写的，如《荀子新注》《张载集》等。《张载集》的序言是张先生写的，张先生对张载思想资料的分析严谨平实，细致入微，所以我们对张载的看法无不受张先生的影响。我那时在张先生的指引下，也去图书馆找张先生20世纪50年代发表的文章学习，因为那时结集的《中国哲学发微》还未出版。如我就找过1954年《新建设》上张先生论船山哲学的论文细读过，但当时不太能把握关于船山的观念和分析。我也找过1955年《哲学研究》上张先生论张载哲学的论文，看张先生辨析精当，深感佩服。我那时最佩服的是张先生1956年写的《中国古代哲学中若干基本概念的起源和演变》《中国古典哲学的几个特点》，我学习和掌握张先生的治学方法，是从这两篇文章开始的。

我看了《中国社会科学》上论张载的文章后，立即觉得有可商之处，于是就在暑假写了一篇文章与之商榷。假期中，我将文章交给张先生看，张先生看过基本没有修改，说："很好，一定发表！"于是张先生就推荐到《中国哲学史研究》，很快便确定发表。不久，《中国社会科学》知道此事，何祚榕同志来北京大学要去此文，看后商定还是由《中国社会科学》1981年第1期来发表。我的文章是从我当时所理解的学术观点来回应把张载说成是二元论的观点，并在论点和资料上有所发挥。由于我的思想受张先生影响较大，所以当时《中国社会科学》杂志社的主编审查意见中有一句"作者把张岱年同志的观点表达得非常清楚"。其实，我当时主观上并不是要用张先生的观点去反驳不同意见。据20世纪80年代初在北京大学进修的日本学者关口顺告诉我，这篇文章发表后，受到日本学者的注意，我想可能因为这是年轻学者第一次在《中国社会科学》上发表论文的缘故。有关张载自然哲学的看法，我至今未变，所以这篇虽属"少作"，我去年仍把它编入我的《中国近世思想史研究》。这一年9月，为了帮我解决当时在做朱子书信考证中遇到的困难，张先生还给我写介绍信，去拜访请教历史系的邓广铭先生。

由于我和张先生的关系，所以同学刘笑敢说："别人只有一个先生，只有你有两个先生。"事实上我同张先生的往来授受关系，要比同学知道得更为密切，我顺利走入学术界，完全是张先生的不断提携推荐促成的。

　　陈来同志所撰《朱子书信编年考证》一书，是继他的《朱子哲学研究》一书而出版的另一新著。这本新著，乍看似乎只是他撰写《朱子哲学研究》的一种副产品，然而，正如附庸之蔚为大国一样，它实际上是可以与《朱子哲学研究》并行的一种独立的著作。在南宋中叶，朱熹在学术界、思想界享有极其崇高的地位，当时的学士大夫与他具有学术思想上的联系的，实繁有徒，因此，朱子书信的涉及面便极为广泛。唯有像陈来同志之具有深厚的功力，才能进行博洽的稽考，才能由表及里、由此及彼地对这大批书信的作年及其受者作出精审确凿的考证，从而不仅使朱子思想见解的先后发展变化的脉络有线索可以寻溯，而凡其时与朱子有学术关联的广大学者的思想言论，依此书所系年次而加以追寻，也大都可以藉窥其端倪。故作者若以此书为基础，再扩而充之，则更将成为南宋中期的一部《学案》，或可成为该时期的一部《百家争鸣实录》，对于南宋期内学术史、思想史的资料的钩勒和实况的探索，是全都有所贡献的。总之，这本《朱子书信编年考证》，是一本极见功力的著述，也是一本具有广泛作用的著述。

北京大学
PEKING UNIVERSITY

我对《朱子书信编年考证》的评价

邓广铭

陈来同志所撰《朱子书信编年考证》一书，是继他的《朱子哲学研究》一书而出版的另一新著。这本新著，乍看似乎只是他撰写《朱子哲学研究》的一种副产品，然而，正如附庸之蔚为大国一样，它实际上是可以与《朱子哲学研究》并行的一种独立的著作。在南宋中叶，朱熹在学术界思想界享有极其崇高的地位，当时的学士大夫与他具有学术思想上的联系的，实繁有徒。因此，朱子书信所涉及面便极为广泛。唯有像陈来同志之具有深厚的功力，才能进行博洽的稽考，才能够表及里由此及彼地对这大批书信的作年及其受者作出精审而周密的考证，从而不仅使朱子思想见解的先后发展变化的脉络有线索可寻踪，而凡是的与朱子有学术关联的广大学者的思想言论，依此书所系年次而加以追寻，也大都可以溯凟其端倪。故作史者以此书为基础，再扩而充之，则定将成为南宋中叶的一部《学案》或将成为读时期的一部《百家争鸣实录》，对于南宋期间学术史、思想史的资料的钩勒和实况的探索，是全都有所贡献的。总之，这本《朱子书信编年考证》是一本极见功力的著述，也是一本具有广泛作用的著述。

邓广铭《我对〈朱子书信编年考证〉的评价》，1990年11月。

二

　　1981年秋毕业，本专业同学中只有我留校任教。当时张先生让我开外系的"中国哲学史"课程，并给我一年的时间备课。我大概用了半年，已经大体准备好。后来讲课的情况尚好，张先生还介绍刘鄂培同志来听我的课。

　　1982年春夏，我因备课已经有了规模，就继续我的朱子研究。在资料问题上，我遇到疑难处，也常常会去问张先生。1981年春天，我一次去问张先生，侯外庐等的《中国思想通史》中引用朱子"理生气也"的一段话，我在《朱子语类》和《朱子文集》中都没有看到，不知其原始出处在哪里。张先生说这以前大家都没注意，你再找找。过了两星期仍未寻到，我又去冯友兰先生家问，冯先生说，前几天张先生还说起，不知道这段话出在哪里。可见张先生还为此事帮我问了冯先生，我心里很感激。

　　1982年4月前后，我在张先生家谈话，问张先生，张载"心统性情"的话，朱熹每喜引用，其原始出处到底在哪里？我问这类问题，目的是找到语录对话的原始语境和连贯论述，以便准确了解这些话的哲学意义。张先生说："可能出于其《孟子说》，但《孟子说》已经不存，你可以再找找，比如《宋四子抄释》里面的《张子抄释》，看看能不能找到。"于是我就到北京图书馆善本室去查，看了几天，在《张子抄释》中没有找到"心统性情"。但我在顺便翻《朱子抄释》的时候却找到了"理生气也"的出处，于是结合《朱子语类》朝鲜古写本序的线索写了一篇文章。

　　张先生看到我把问题解决了，便很快将文章推荐到《中国哲学史研究》，在1983年发表。这篇小文章，颇受到国际学界前辈陈荣捷先生、山井涌先生的注意和好评。其起因是，1982年夏在夏威夷开朱子学会议时，东京大学的山井先生提出此一资料的出处问题，结果包括陈荣捷先生在内的与会学者都未能解答。其实这个会本来邓艾民先生推荐我作为青年学人参加，但后来会议在国内请了50岁上下的学者参加，所以我未能躬逢此次盛会。

在那个时期，比我们大一二十岁的先生都在努力研究发文章，而发表园地很少，所以我们这些刚毕业的研究生发表文章还很难。我在初期的文章多是由张先生推荐才得以发表的。没有张先生的推荐，我们进入学术、学术界肯定要经过更多曲折。

在北京图书馆找"心统性情"的时候，因看到《张载集》中"张子语录跋"提及"鸣道集本"，便问张先生是否要去看看。张先生说："其书全名是《诸儒鸣道集》，在北京图书馆，你可以去查查。"于是我就在北京图书馆将《诸儒鸣道集》通看一遍，虽然没有查到"心统性情"，但也有收获。由于北京图书馆的本子是影宋本，上海图书馆则藏有宋本，我也曾写信到上海图书馆询问宋本的序跋情况。我把情况摸了一遍以后向张先生报告，张先生要我写成文章，经张先生看过，后来发表在《北京大学学报》上。我还记得，文中所引黄壮猷的序，原文"时"字是用的讹字，我不认识，也没去查字典，就照抄录下，是张先生将这个字改为通用字，以后我才认得这个字。1986年初，一次在从香山回来的汽车上，杜维明先生说上海图书馆向他介绍《诸儒鸣道集》，他觉得很有价值。张先生即说："陈来已经写了文章了。"后来杜先生要我把文章影印给哈佛燕京图书馆的吴文津先生，要燕京图书馆购藏此书。从以上这些事情可知，我早年的学术发展与活动，多与张先生的指引有关。

三

1982年，北京大学开始招收文科博士生，中国哲学专业只有张先生是国务院学位办通过的首批博士生导师，我当然报考了张先生的博士生，并顺利考取。在学问授受方面，我与张先生的关系，在做博士生前和做博士生后没有什么变化。所变化的地方，是张先生开始要我更多了解他二十世纪三四十年代的哲学思想。

1983年夏，与张岱年先生摄于北京大学西门外西餐厅。

大概在1983底，张先生要我起草《张岱年传略》，因此拿出他珍藏的早年文稿给我看。我借回家细读，对张先生的分析十分佩服，还把《谭理》抄在我自己的笔记本上，后来在我的博士论文中也加以引用。我在这时开始了解张先生自己的哲学思考的历程。我依据这些材料，写了文章，交给张先生。我说："我在文章里有个提法，我说您当时的思想可以说是一种'分析的唯物论'。"张先生点头肯定，面露满意的微笑。他说："30年代就有人说我们兄弟主张'解析的唯物论'，就是'分析的唯物论'。"看到自己正确地理解了张先生的思想，得到先生的认可，我也颇觉兴奋。所以，我实际上可以说是国内最早研究张先生哲学的人。张先生对外人非常客气，对学生则要求较严，一般不会当面夸奖学生，也是在这个时期，张先生当面对我说了唯一一次夸赞的话。

1985年，我遵师命又写了一篇《张岱年学术思想评述》。写好后我对张先生说："抗战期间，您写的这些文章可以称为'天人五论'。冯先生写了'贞元六书'，您写了'天人五论'；冯先生讲新理学，您讲新唯物论，可谓各有其贡献。"张先生当时说，那不能和冯先生比。不过后来张先生也认可了"天人五论"的说法，《张岱年文集》和《张岱年全集》中也都用了这个总题。

1989年2月，张先生在西苑医院住院，那时清华大学编的张先生文集第一卷出版，我写了《创造的综合——读〈张岱年文集〉第一卷》，后刊在《中国社会科学》上。其实，我写草稿时，还没拿到书，都是根据我在1983—1984年读张先生二十世纪三四十年代文稿的理解和所得。张先生在医院跟我谈起此文中的提法，说："你是我的一个知音。"

1997年《张岱年全集》出版后，张先生的学术渐为更多的人所了解。1997年，我为《纵横》杂志写了《张岱年——自强不息、厚德载物的哲学家》一文，此文的主要基础也是依据我在20世纪80年代对张先生哲学的研究。1998年，北京大学校庆，我因《群言》杂志之邀，写了《大师的小事》，记述了我在20世纪70年代末和张先生最初的交往。张先生后来看过对我说："写得很好！"

20世纪80年代初期，学界很关注哲学史方法论的问题，意在突破"唯物—唯心两军对战"的教条和框框，破除哲学史研究的意识形态障碍。而突破的努力有多种形式，如有学者特别突出二元论的问题，有学者提出用三分法来看哲学史的不同派别等。张先生虽然坚持中国有唯物论传统，但他对从前讲的中国哲学史上的"唯心论"一贯很为不满，如他多次说过朱熹的"理"不是"精神"，不是"观念"，更不是"心"等。

我那时也关心这类问题，1983年初，我就写了一篇文章《试论中国哲学史上的唯物主义和反唯物主义》，认为从老子到朱熹，中国哲学形上学主要的传统是以"唯道论"为形式，不是以精神和理念为世界本源；意在强调尊重中国哲学的特点，矫正把恩格斯"哲学基本问题"的说法当作教条的状态。这篇文章张先生看过后还是肯定的，还在几十个小地方做了修改，并把题目改为《试论中国哲学史上两条路线斗争的特点》。可见张先生对此文的修改是十分认真细致的。所以1984年在天津蓟州区开中国哲学史年会时，张先生就带我去参加，我在会上就讲了这篇文章。不料讲过后人民大学的一位先生在评论中批评我的观点"出了圈"，张先生当时在会场上也有点紧张；但在那个时代，在这个场合，在这个问题上他也不好替我说话，这也是他着急的原因。由于主观和客观的原因，这篇文章最终也没有发表出来，我就把这文章一半的意思写在了博士论文第一部分的末尾，张先生也未加反对。从这件事可以看到张先生不仅自己对苏式哲学史始终不满，他对我们突破日丹诺夫教条的各种尝试也是支持的，鼓励的。

四

由于我们是第一届文科博士生，在综合考试方面没有任何经验，所以临到综合考试的时候，我也没有做细致的准备，只是跟博士生入学考试的准备差不多。结果，在博士生综合考试口试的时候，西方哲学齐良骥先生和王太庆先生问的问题我都答出来了，张先生问的第二个问题我却完全没有把握回答好。张先生问王船山的体用观有何特点，我含糊其词地说了一通，张先生也没再说什么，但我知道自己的回答不得要领。我以前虽然看过张先生写的王船山的论文，但由于自己没认真下过功夫，不能深入理解其中的问题。口试虽然得了高分，但给了我一个教训，王船山是不能轻易谈的。后来我跟张先生谈起，张先生说，王船山在山里写书，也不和别人讨论，所以其思想很难懂。

在读博士生期间，张先生也曾要我们帮他写文章。这类文章的情形是这样：张先生已经就此题目写过论文，但刊物索稿太多，故张先生要我们照他已发表的论文的意思，重写一遍。其中也含有锻炼我们的意思。如1983年张先生要我替他写一篇方以智的论文，拿他在《天津师范学院学报》发表的文章改写一下。我从张先生那借了《东西均》，细读一过，有了些自己的看法和理解，于是在文章的前面全用张先生的意思讲《物理小识》，中间论《东

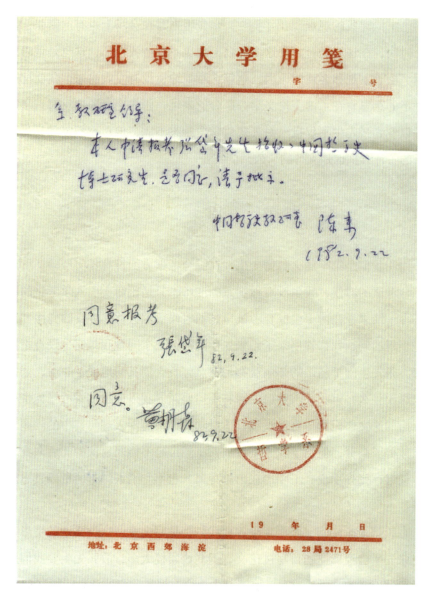

申请报考张岱年先生的博士生，1982年9月22日。

社会科学战线编辑部诸同志：

　　兹寄上我的博士学位研究生陈来同志的文稿《略论诸儒鸣道集》一文，请审阅为感。

　　《诸儒鸣道集》是南宋初年刊印的理学著作汇集，其中包括理学家周、张、二程著作的多种最早版本，是研究宋代哲学的一部重要参考书，但此书除以前于元清常用来校勘《张子语录》之外，多数思想史工作者都未予重视。因此，我嘱陈来同志到北京图书馆善本室查阅此书，陈来同志根据所查资料写此文，确有一定的学术价值。

　　贵刊有图书一栏，谨推荐此文，以备采择，即请费神考虑，不胜感盼！顺颂
编祺

张岱年
83年8月5日

张岱年先生的推荐信，写于1983年8月5日。

西均》核心思想的地方都加用了我的分析。张先生不仅未加否定，还将文章拿给《江淮论坛》发表了，而且署的是张先生和我两人的名字。此外，张先生把稿费也全部给了我。那时，我们的名字能和先生的名字并立发表，这已经是不敢想的事，而稿费也交由我们"独吞"，更可见先生对我们的照顾。张先生的这一类对学生和后辈的照顾，曾施之于很多人，充分体现了老一辈学者对学生后辈的关爱，在学界广为人知，在这里就不详细列举了。

在学术上张先生更是主动为我们着想。1984年，一次在香山开会，杨曾文同志跟张先生说起，一位美籍学者的文章说国内一个同志发现了朱子语录的资料，我当时随侍张先生身旁，张先生右手一指我说："那就是他呵！"也是在这次会上，张先生主动向中国社会科学出版社的黄德志女士推荐我尚未写完的博士论文到该社出版。当时青年学者出书甚难，我的书能在中国社会科学出版社出版，其最初和最根本的启动力量就是张先生的主动推荐。1985年，我们第一届博士生通过博士论文答辩，两个月后，未等我们去请序，张先生已经主动帮我们写好了序，把我们叫到家中交给我们，并且怀着比较满意的心情说："你们现在都能自立了！"这既是对我们能力和已经取得的成绩的肯定，也表示了因圆满完成对我们的培养工作而欣慰。我当时想，此前都是在先生的翼护下发展，今后我们要独立发展，迈入个人成长的新阶段。所以，我在1985年9月写了《熊十力哲学的体用论》，并请张先生阅正。张先生肯定了我把熊十力与斯宾诺莎相比较，但在最后加了一句话——"熊氏未必研究过斯宾诺莎哲学，但基本观点确有相近之处"，使得论点更为严谨。从那以后，我就没有再请张先生为我阅改、推荐作品了。

我那时很乐意帮张先生做事，张先生也不时给我些小任务。比如1984年冬天，一位同志把他的有关朱熹事迹考的书稿寄给张先生审阅，张先生就让我来看，我看后列举了书稿中的十几处错误，交给张先生。1985年，一次他要去上海开会，讨论《中国哲学辞典》，他就要我先看看有什么问题；我就翻一遍，挑出一些错误或不足之处，写在纸上，交给他备用。我也替张先生给青年学生回过信，据现在浙江大学任教的何俊同志说，1986年他收到了张先生的回信，看笔迹似乎就是我写的。顺便说一下，由于跟张先生学习，看张先生的字机会多了，我在1983年以后写的文章，在最后一遍誊写时，颇模仿张先生的字体。张先生的钢笔字浑厚饱满，令人心仪，我常常有学习之心。可是我的基础功夫不厚，写字时往往心急，所以始终没学好，而且我的字偏瘦，可谓字如其人。我写的字模仿张先生这一点，1986年在北京爱智山庄开会的时候，中国社会科学院的谷方同志也看出来了，由此可见张先生的字亦颇为学界同仁所注意。

五

1985年夏天，我顺利通过答辩，获得博士学位，重回系里教书。在教课之外，教研室安排我做冯友兰先生的助手，此前是李中华做了两年。我在读研究生时曾几次拜访过冯先生，这次是中华带我去并正式介绍给冯先生做助手，宗璞还特地问我："你愿意来吧？"初次和冯先生谈工作，冯先生让我把他刚写就的《中国哲学史新编》第四册的稿子拿回去看，提意见。第二次去时，我就向冯先生谈我的意见。过了一阵子，在图书馆前碰到张先生，张先生说："冯先生说'陈来到底是个博士！'"看样子张先生刚从冯家出来。知道冯先生对我的肯定，张先生也颇为满意，要我好好给冯先生帮忙。这年秋天，张先生召集方立天、程宜山、刘笑敢和我四人到他家，说罗素写了《西方的智慧》，我们可以写一本《中国的智慧》。这是我参加撰写由张先生主编的第一本书。分工后各自负责，我承担的宋明部分都是我在1986年春夏学期一边教中国哲学史一边写出来的，所以我的课实际是按我写的《中国的智慧》的部分讲的。写好初稿后交给张先生，我写的部分里，张载的一章，张先生批了好几处"很好"，其他各章好像最多只有"好"，没有"很好"。张载是张先生的重要研究对象，写张载的一章能得到张先生的肯定，我就已经很满足了。

大概在1986年，张先生还要我参加他主编的《中国伦理学史》的写作。在教研室开的会上，张先生还说："陈来对伦理学有体会，他的第一篇文章就是谈伦理学的。"这指的就是我在报考研究生时寄给张先生的文章，其实这篇文章张先生1979年夏天已还给我，张先生在多年后仍然记得我的习作，而且给我以鼓励，张先生对学生的这种关心提携，令我永远难忘。只是我在1986年赴美，以后并未参加此书的写作，而赴美的推荐信仍然是张先生给写的。我赴美后，内人曾代我去看望张先生，结果张先生在她面前把我对朱熹的研究大大表扬一番，甚至说了"朱熹研究，世界第一"的话，这是令我很意外的，从这里也可以看出张先生教人的特点。

六

以上所述，是我从1978年到1985年做研究生和博士生时期与张先生的受教往来。可以看出，从研究生的考取、入门的指引、文章的推荐，到毕业的留校、博士生的指导、博士论文的出版，无不得益于张先生的悉心教导。张先生确实是我的恩师，他总是亲切地给我以鼓励，并为把我引入学术道路花费了不少心血，这一切使我铭记在心，感念不忘。而回想起来，20世纪90年代以来，我为张先生所做的事，实在是太少了。从客观上说，清华大学的刘鄂培等几位老学长以清华大学思想文化研究所为基地，主动策划和承担了张先生论著的出版，以及逢五逢十的庆寿活动，使我们得以坐享其成，产生了依赖思想；从主观上说，就是对老师关心不够，这是无可推脱的。

20世纪80年代末以来，由于在文化问题上我对儒家价值认同较多，通常被学界视为"文化保守"的代表，而且我所研究的对象，也大都不是所谓"唯物主义"。我猜想，从理想的角度来说，张先生对我的发展方向也许不无一丝遗憾；但张先生对我的发展非常宽容，从未对我有任何不满意的地方，这也是我特别心存感激的。

1998年，与张岱年先生在清华大学甲所。

2002年10月，与张岱年先生、季羡林先生在北京大学一院会议室。

其实，张先生固然很注意阐扬古代唯物论和辩证法，但张先生晚年更重视阐发儒家的价值观；张先生20世纪90年代初关于"国学"的定义和阐发，是我在这个时期有关国学发言的主要依据。所以，在对儒学和国学的基本看法上，我和张先生是一致的。更重要的是，直到今天，在中国哲学的理解和诠释这一根本问题上，我始终信守和实践着张先生的治学方法，并以此指导我的学生。我认为，张先生在国内外学术界的崇高地位与影响，不仅仅是因为他阐扬古代唯物论、提倡综合创新，而主要是来自他对中国哲学的精湛研究，来自他对中国哲学思想资料的全面把握和准确诠释。从这个意义上，我可以自豪地说，我是张先生治学方法的正宗传人。我从张先生那里学到的治学方法，说起来也很明白，这就是张先生在1978年给我们上研究生课时就讲过、以后经常重复的司马迁的名言："好学深思，心知其意。"就是说，读古人的书要仔细体会其原意，并用解析的方法加以严谨地分析、表达。我的博士论文，自信可算是张先生治学方法成功运用的一个例子。

在20世纪80年代中期，我们不太懂得写书可以献给自己敬仰或亲近的人，所以我的博士论文在中国社会科学出版社出版时，就不晓得敬献给先生。后来出国看书多了，才注意到这点，所以1990年《朱熹哲学研究》在台湾出版，我就在扉页写上"谨以此书献给张岱年先生"，并在后记中说："我的导师是张季同（岱年）先生，先生治学，一主太史公所谓'好学深思，心知其意'之旨，最讲平实谨严，在本书中可以明显看到先生治学之方对我的影响。"1996年我编自选集，在自序中我也提到张先生对我的影响。1999年，张先生90寿辰，由我发起、组织和主编了《中国哲学的诠释与发展——张岱年先生90寿庆论文集》，由北京大学出版社出版。其中我所写的一篇，在文后附记中说："张先生教人，最强调'好学深思，心知其意'，我称之为八字真经。我个人从张先生所得全部训练，亦可以归结为这八个字。欣逢先生90华诞，谨以此小文庆贺之，从中亦可看到先生治学之方对我的深刻影响。"

这些年来，我写了不少书和论文，在海内外学界都得到肯定，算是有些成绩，没有辜负先生的栽培；而我看自己的著作，无论主题有何变化，自度所长，和成绩之所以取得，仍然在于能较好地掌握先生提倡的治学方法。近年我曾和友人闲谈说："张先生门下可以说有两派，一派是综合创新派，一派是心知其意派，我算是心知其意派。"在纪念和回忆张先生的时候，我强调这一点，也是以我自己做例子，希望中国哲学研究领域的后来者能认识张先生治学"金针"的真正所在，少走弯路，在中国哲学史的学术研究上取得更多更好的成绩。

2004年5月6初稿于北京大学蓝旗营

2004年7月18日改定

苟日新，日日新，又日新

——冯友兰先生为我命字

1985年9月，我开始给冯友兰先生当助手，主要是协助他写作《中国哲学史新编》，一直到1990年冬他去世。冯先生有三级助手，有记录、念报的，有找资料的，我是帮助看稿子的。这个时期，我每月会去冯先生府上两次。如果他有新写好的章节，我便拿回家看，待下次再去时跟他讨论。如果没有新写好的稿子，冯先生就会跟我聊聊他的想法，谈谈正在写什么或准备怎么写下一章。我们的谈话都是以《中国哲学史新编》的内容为中心，从来没有闲谈。

冯先生住在北京大学燕南园57号，客人进院子后，由北门进屋。那时除了冬天，北门一般不从里边关着。冯先生的书房在最里面，外面敲门里面有时听不见，所以我那时去冯先生家，一般也不按铃敲门，拉开纱门，直接推开北门就进去，直奔冯先生的书房，落座谈话。因为冯先生90岁以后眼睛看不见，所以一般我进书房后，冯先生的助手就会大声告诉冯先生说"陈来先生来了"，冯先生就会答应"啊，陈来来了"。冯先生是河南人，陈来两个字他都是念去声。

1988年夏，有一天我跟冯先生说，请您有时间给我命个字吧。古人有名

1986年夏，与冯友兰先生在其燕南园家中。

有字，名是出生后父亲所起的，男子的字一般是20岁加冠时所取，读书人则由老师来命字。古人在成年以后，长辈用我们的"名"称呼我们，自己也是用我们的"名"称呼自己，而"字"是用来供社会上的其他人来称呼我们的。命字是一种文化，命字不仅要与其本名有关联，传统的儒者还要把对被命字者的德行与未来人生的期许包含其中。所以古代大儒如朱子、王阳明的文集中有很多字序、字说，都是他们给学生命字时所写，以说明如此命字的道理。近代以来，这一类文字已经很少有人注意了。

冯先生是文史大家，对此传统非常熟悉，所以他听了我的请求，只说了好，再没有说什么。一个多月以后，8月的一天，我去冯先生家，冯先生的助手说，冯先生给你写好了，就把他记录抄写的两页纸交给我。全文如下：

为陈来博士命字为"又新"说

陈来博士嘱予为命字，余谓可字"又新"，并为之说，以明其义。

昔之人，有名有字，皆所以勉励其人进德修业，晋于光明也。其取义也，以名为主，以字为辅。辅之之道，盖有二途：一则引申其名之义之余蕴，陶潜字渊明，杜甫字子美是也；一则补救其名之义之或偏，韩愈字退之，朱熹字元晦是也。"来"之一词，在日用为恒言，在哲学为术语。《周易》之诸"对待"中，"来"与"往"为一对待，配以其他"对待"，则"来"为"伸"，"往"为"屈"；"来"为"阳"，"往"为"阴"；"来"为"息"，往为"消"；来为"神"，"往"为"鬼"。余亦尝谓：往者不可变，来者不可测，不可测即神也。往者已成定局，故不可变；来者方在创造之中，故不可测。"来"之诸美义，可一言以蔽之曰"日新"。《周易·系辞》曰："日新之谓盛德。"《大学》亦曰："苟日新，日日新，又日新。"其义若曰：既日新矣，则必新新不已，新而又新，永无止境，此"又新"之义也。"来"方在创造之中，前途无量，此大业也。《系辞》曰："富有之谓大业，日新之谓盛德。"二语相连，有旨哉！"来"之义极为深广，以"来"为名者，以"又新"为字，方足辅之。余谓陈来可字"又新"，其义如此。

一九八八年八月十三日上午，冯友兰于三松堂。时年九十有三。

我认为，这篇字说是冯先生晚年所写的一篇上佳的文字。冯先生中年时颇注意文章的做法，追求寓六朝之俪句于唐宋之古文，他的祭母文、西南联大纪念碑文是当之无愧的典范之作。新中国成立以后，社会通行的文体弃旧图新，冯先生也就基本不做古体文章了。而在其老年，却能信笔写出，足见其文章的修养非同一般。同时可以看出，冯先生对儒学传统文体非常熟悉，我请他命字，他即以古典文言写下"字说"，此种近世大儒的文章修养，在当时在世的学者中已很难找到了。更重要的，这篇文字尽显冯先生作为大哲学家的思维风范，他把"来"字联系到《周易》哲学的往来、屈伸、阴阳，又引至《大学》的"苟日新""又日新"之说，足见其神思妙运，然后自如地加以分析和提炼，并以此对我寄予深切的期望。什么叫大家手笔，于此明白

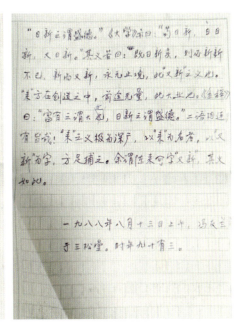

命字说原稿，写于1988年8月13日。

可见。所以对于这篇文字，我是极为感佩的。

不过，河南人民出版社1994年出版的《三松堂全集》，在收入这篇文字时，竟掉了其中重要的一段，即引文中划线的一段，真是匪夷所思！我发现后，告诉了宗璞先生，后来新版的《三松堂全集》才改了过来。

由于冯先生晚年目盲，已经不能自己写字，所有文章都是由他口授，由助手写录下来。这篇文字的原稿就是由助手用圆珠笔在400字的小稿纸上写就的。拿到此篇文字后，我在文末空白处用铅笔写下了几行字作为小跋《题陈来字又新说》：

　　此文原题"为陈来博士命字为又新说"，按命字之文，先儒所题略异，朱子每用"字序"，如文集之《林用中字序》等；阳明则用"字说"，如其外集之《刘氏三子字说》《白说字贞夫说》等。今先生此文既已题为"说"矣，故拟改以"陈来字又新说"为题，庶几密合旧例，亦见来之不敢称博士之意。盖先生晚年作文言，惟见二文，一为张岱年文集序，一为此文。窃谓此文虽短，然足见先生哲思之深，及对后学期望之殷，故不宜深藏，而欲同志之士共闻之，有味其言而兴起也。

冯先生去世后，我曾和宗璞先生说起，想把冯先生这篇文字用楷书写出来，挂在墙上，以为纪念。宗璞先生说你找个书家写出来，然后可以盖冯先生的章。由于我的周围并没有认识的书法家，所以就一直拖了下来。直到最近两年，才找到能写小楷的书家朋友，把这篇文字书写出来。然后，我到宗璞先生家盖了章，就是在西南联大时闻一多先生给冯先生刻的两枚印章，终于完成了我的心愿。

大陆的朋友辈多已不明传统习惯，海外学者也渐渐都不用这些老派的礼俗，所以这些年来，只有日本的吾妻重二教授、中国台湾的杨祖汉教授等少数几位友人会用表字称我。至于我自己，二十多年来，我以"又新"作为自己的学术鞭策，写了不少书和文章，所得成就不能说很大，但总算是没有辜负先生的期许吧。今后我仍会继续以"又新"自励，在学术上不断求新，新新不已，进步不已。

（这篇小文在微信上被转发后，有位比我大十余岁的学者问我："冯先生给你命的字，怎么没见你用啊？"其实早些年也有比我年长的同志这样问过我。可见，在我们这里，即使比我年长的研究传统文化的学者，也已经不知道"字"不是自己用的，是给别人用的。如冯友兰先生字芝生，金岳霖等其他先生便称其为"芝生"或"冯芝生"，冯先生是不能自己用来署名的。）

两度门生　义岂可忘

——纪念任继愈先生

2009年7月4日，中午要飞台北，所以早上先打开电脑上网看看新闻。点击《联合早报》的新闻，见载"著名哲学家任继愈逝世"的消息，心中一动，想起到台湾电脑使用可能不便，不如行前在博客上写几行字，纪念一下任先生。现在网上新闻很多，特别是政治新闻，往往都不可靠，《联合早报》我以为是比较严谨的报纸，所以我常常上该报的网站验证消息。但是这次早报网的消息是链接在一个佛教网的消息，其中说任先生于"前天去世"，这使我产生怀疑。因为7月2日我在香山开会，我的旁边就是国家图书馆的副馆长陈力同志，当天中午医院报病危，所以他曾离会一段时间去了北京医院看任先生，但回来并未说任先生去世。7月3日我们一起又开了一天会，都没有提起任先生的事，可见这个消息不可靠。于是我又到新浪、搜狐、国家图书馆、社科院宗教所的网站查看，都无此消息。于是我断定此消息不确，庆幸没有造次。

不过任先生病而住院，我是知道的。5月时北京大学网站报道校领导去医院看任先生，似乎任先生病情颇重。因此之故，我打电话请学会的张利民同志去打听住在哪家医院，以便去探视。5月27日我和利民同志去北京医院看望任先生，进门见任先生在睡，少时醒来，我即上去说话，问好。任先生睁眼看见我，说"今天没办法跟你细聊了"，说完又闭眼睡去。看护的阿姨说任先生住院以来，晚上不睡，白天一直睡，昼夜颠倒。于是我到医生办公室，向医生询问了病情，我当时的印象是，这次住院，恐怕出院很难了。回到病房，过了一会儿，阿姨叫他起来喝水，上洗手间；又到了吃饭时间，我们想让任先生抓紧吃饭，不便打扰，就告辞离开了。总共停留一个小时多一点，基本上没有谈什么话。

2009年7月11日，任先生因病不治，逝世于北京医院，终年93岁。第二天我得到消息，但我人在台湾，无法前往祭奠告别，只能奉上一瓣心香，遥祝先生走好。

我跟任先生的关系并非一般的认识。1981年我研究生毕业，论文答辩委员会的主席是任先生，任先生给我写的评语，我还记得有两句话："有说服力，有创造性。"这是对我的巨大鼓励。我们这一届8个同学的论文答辩，任先生只参加了我的答辩。1985年博士论文答辩，仍然是任先生来做答辩委员会主席，对我的论文给予了充分的肯定。这一年的博士答辩，任先生仍然只参加了我的答辩。我跟任先生的这种关系，用封建时代科举的说法，就是座师跟门生的关系，所以20多年前，我写信给一位朋友，说起给任先生拜寿的事时，我说"两度门生，义岂可忘"，这代表了近30年里我对任先生始终不变的心意。

1977年，我报考北京大学中国哲学史专业研究生，自己准备考试的主要教材，是任先生主编的《中国哲学史简编》，也参考任先生主编的《中国哲学史》，所以那时已经对任先生非常敬仰。而且我的大姐夫在西南联大附中上学时，任先生和冯钟芸先生都教过他，"文革"后他们一班同学还到任先生家去聚会。1978年，我们北京大学的中国哲学史研究生开课，任先生要他的几个弟子都来北京大学听课，所以无形之中似乎和任先生的距离也变得近了一些。1979年任先生应邀来北京大学哲学系讲演，谈他对中国哲学史这门学科的认识，我们当时都去听讲，而且相当认真地做了笔记。那时我们都读了任先生的《汉唐佛教史论集》，都认为任先生专门研究佛教，有一次楼宇烈老师跟我们闲谈，说任先生本来是研究理学的，我听了以后，很觉得有意思。所以，后来我的答辩，系里和教研室都请任先生主持，我想这不仅因为他的学术地位崇高，也是因为理学和朱子本来是他的专攻方向。

在攻读研究生和博士生期间，我都拜访过任先生，对任先生识人的高明我特别推崇。事情是这样的，在我们1978年入学北京大学做研究生时，有位南方某大学的青年教师亦在当年来北京大学进修，也在我们的课堂听课。此君极善交际，堪称奇才，不但校内文科老先生们皆被他哄得高兴，对他表示欣赏，就连校外学界的领导人物也都被他的忽悠所迷惑，跟他的关系相当密切。但是老先生之中只有一位不为所动，那就是任先生。这位青年教师还善为诡奇之事，后来事发自尽，也不必说了。那时我跟任先生说起，任先生说，这个人来，谈的都不是学问的事，只是说一些吹捧的话。这一点，使我对任先生非常敬佩。我跟任先生谈话，印象最深的一是他于1942年开始教书，对教过的西南联大、老北京大学的学生他都有评论；二是他对自己能南渡到昆明参与西南联大的八年艰苦生活，非常自豪。

一九八六年五六月间，忽一日收到任先生给我的信，要我约同学刘笑敢一起去他府上谈谈，我们便去了。任先生问我们现在都在做什么，我说我要到美国做访问学者，等等。原来，任先生的《中国哲学发展史》的写作，进入一个新的断代、新的阶段，编书组的老成员，有些年纪稍大，需要做些调整，所以任先生想看看我们有没有可能参加编书组的工作。但任先生听到我们各自的计划安排后，也就没有再多说什么，只是跟我们说，他那里也有学术沙龙，欢迎我们去参加，等等。

此后因我出国时间较多，也就没有参加过任先生的沙龙，又由于我成天满脑子都是写书写论文的事，所以跟任先生见面的机会也不多，多是在各种会议上向他问安，把新出的书呈送给他。但任先生还是很关心我的。记得1997年冬天，一次在国林风书店有个座谈，任先生也来了。我忽然想起，我的《古代宗教与伦理》一书，不记得有没有送呈任先生，于是就请问任先生，任先生说：

2004年，与任继愈先生在其办公室。

"没有，你的书我都很注意。"于是我赶紧在书店里买了一本请任先生指正。

2004年，张岱年先生逝世之后，我编《不息集》纪念张先生，请任先生撰稿，以刊于卷首。2004年11月，我去任先生办公室取稿子，任先生和我谈了许久。12月底，任先生又寄来修改稿，附言：

陈来同志：

祝新年好！纪念张先生文，寄上改正稿，原稿方便时寄还即可。

此致

敬礼！

任继愈

2004年12月28日

任先生在纪念张先生的文章中也没有忘记对我加以奖掖。他说："张岱年先生在哲学史教学方面，未能尽其所长，但他培养研究生、教育青年学者成绩卓著，比如他带出来的博士陈来就是其中的佼佼者。"这都体现了任先生对我这个老门生的爱护。当然，我觉得这也说明任先生对培养出优秀学生这件事是很在意的。2005年4月25日在北京大学召开了《不息集》出版座谈会，应我的邀请，任先生特来参加，这是对我们的很大支持。

其实，任先生的身体一直很好。20世纪80年代中期，任先生跟我谈话，说张先生（岱年）看起来是个儒者，他的意思是说张先生的面貌、行动、气象和从前的儒者差不多，是不爱活动的。而他自己，他说他从年轻时起，便喜欢体育运动。自然，一个常常跑步的人，即使是学者，他的跑步的面貌，当然也很难和"儒者"的形象联系起来。前几年，任先生90岁的时候，仍然看起来身体很好，特别是步履不老，冯先生（友兰）、张先生（岱年）90岁的步履都跟任先生的不能比。从任先生90岁时与我的合影中，可以看出他身体的

2005年，与任继愈先生在北京大学。

清健。我那时想，照任先生的这个状态，寿数应当是要超过冯先生、张先生的。今年春节，我从台湾讲学半年回来，因为已担任了新一届的中国哲学史学会的会长，所以想去任先生家拜年，顺带请教学会的工作。但又怕春节拜年的人多，就想过年后再说。但后来再打电话问时，说任先生已经住院。本以为任先生不过住个把星期而已，没想到最后竟未能出院。按理说，任先生高寿至如此，是大家都羡慕的，但以我们大家对他身体的印象，终究觉得还是走得早了一些。这恐怕就是"寿夭有命"吧。

还在我上研究生之初，看到《哲学研究》上任先生写的一篇文章，其中大意说新中国成立以后，他信从马克思主义，就跟他以前的老师说，今后他不再相信旧哲学，要走新哲学的路。我当时读了以为是指汤用彤先生，后来读书渐多，始知乃是熊十力先生。据任先生说，他从前也跟钱穆先生亲近过。任先生从北京大学毕业，在西南联大念研究生，但早期思想并未受胡适的特别影响，而是与熊十力、贺麟等来往颇多。他早期研究理学，后研究佛教，再研究老庄，所以他对儒、释、道三家都能进行研究。而其中，佛教的研究是他和其他中国哲学史大家区别的主要指标。如冯先生、张先生都不研究佛教，而长于宋明哲学；任先生则在汤用彤、熊十力的影响下，曾用力于佛教的研究，这也使得他有条件向宗教学的一般研究发展，成为我国宗教学科的创始人。这也许算是那个时代北京大学传统和清华大学传统的不同吧。

任先生主编的《中国哲学史》四册，是"文革"前中宣部、教育部组织编写的大学教材，前三卷出版于"文革"前。该书作者队伍汇聚了北京大学、中国社会科学院、中国人民大学的中国哲学史教师，在当时堪称一流。从形式来看，此书结构细密，叙述精审。这部书奠定了任先生在中国哲学史学界的崇高地位，当时他不过四十五六岁。"文革"中，1973年以此四册为基础，又吸收了汝信、李泽厚等参加编写，任先生主编完成《中国哲学史简编》，在叙述上更上层楼，进一步确定了他在这一领域的权威地位。自然，这与任先生作为党内专家的身份有一定关系（冯友兰先生等当然也是权威，而在彼时被作为资产阶级权威而加以批判否定）；但是，就学术而言，冯先生、张先生而外，任先生确实是在这一时期的不二人选。而且就主编的工作说，任先生的组织能力之强，是当时的老先生们不能相比的，这在他后来的编书工作中更突出地表现出来。因而，这些历史的使命落在他的身上，是有其理由的。所以在张先生担任了三届中国哲学史学会会长后，任先生被大家一致推为会长，而且也担任了三届，那是学界的公论：他早已成为中国哲学领域的一代宗师。院系调整后直到"文革"前，在北京大学哲学系中国哲学史专业研究生毕业的学者，大都是他的学生，今天他们都已经超过70岁了。

"文革"以后，任先生又开始主编《中国哲学发展史》（下文称《发展史》），认为20世纪60年代四卷本是教科书，讲的是比较简明的知识，对学界有争论的大问题避免采入，所以不深入；《发展史》则是要站在20世纪80年代初的认识水平，写出更详尽的哲学史，而所谓《发展史》就是注重其逻辑的过程。该书导言还强调，《发展史》不是教科书，是一家之言，这一家之言当然是以任先生为主导的一个写作集体的一家之言，也可以说是一个学派的一家之言。虽然《发展史》的前三卷分别出版于1984、1985、1988年，但该书写成的部分早已在期刊上发表，在学界产生了很大影响。在20世纪80年代前期，在任先生的领导下，《发展史》写作集体构成了一个学派，是当时中国哲学史界最有活力、最有思想、最有水平的一家，我们那时研究生毕业不久，无不受到它的影响。可以说，中国哲学史通史的写作，至此而登峰造极。当然，《发展史》也有其限制，也就是《发展史》仍然是通史，而《发展史》在写完第三卷时，中国哲学史学界的专人、专书、专题的研究开始遍地开花，而《发展史》以通史引领潮流的作用也就完成了其历史使命。老一辈学者喜欢写通史，冯友兰先生是这样，任继愈先生也是这样。如果说冯先生"三史论今古"，有三种中国哲学史的著作，那么任先生也主编了三种中国哲学史的著作，这"三史"也差不多可与冯先生所著的"三史"媲美了，虽然他们都是一家之言。任先生所主编的"三史"证明，他是20世纪以马克思主义方法研究中国哲学的当之无愧的大师。

在中国哲学史的领域外，有关佛教、道教的研究，任先生有同样大的贡献，不过这就不是我所能置言的了。在研究之外，编书是任先生后期的一大工作，在《中华大藏经》外，各种大典、文献、资料、辞典，不一而足。任先生为此尽心竭力，死而后已，在中国文化建设方面贡献甚大，但也不是我能一一数说的了。

哲人其萎，谨以此纪念任继愈先生。

2009 年 7 月 18 日

海外传唱最老师

——陈荣捷先生与我

陈荣捷先生是20世纪后半期欧美学术界公认的中国哲学权威，英文世界中国哲学研究的领袖，也是国际汉学界新儒学与朱熹研究的泰斗。

先生是40年来美国中国哲学研究的重要推动者和领导者，东西方文化哲学沟通的元老，亚洲哲学的权威，而在推动理学研究方面，贡献尤大。1966年狄百瑞教授主办"明代思想国际研讨会"，会议文集由狄百瑞主编并题献先生。1970年狄百瑞在意大利召开的"17世纪中国哲学国际会议"，1972年夏威夷大学召开的"王阳明哲学国际会议"，1974年美国学术团体联合会与狄百瑞主办的"中日儒家实学思想国际会议"，1977年杜维明主办的"清代思想国际会议"，1978年陈学森主持的"元代思想国际会议"，1981年狄百瑞主办的"韩国思想国际会议"等，先生都是积极的参与者与推动者。1982年先生于檀香山创办"国际朱熹会议"，一时传为佳话。1989年第六届"东西方哲学家会议"在夏威夷东西中心举行，也是先生只手促成。哥伦比亚大学的理学研讨会每周一次，狄百瑞主持，先生每次必到，中午从匹兹堡来，自备三明治，下午研讨会结束，戴夜色而归。

在当今中国哲学研究的领域中，陈老先生是我最为敬重的前辈学者，他不仅学术成就享誉四海，而且德高望重，有口皆碑。我以晚生蒙先生知，受其恩惠甚多。

1981年，在邓艾民先生的指引下，我翻译了先生英文论文《论程朱之异》。这年秋天，逢先生来杭州开宋明理学讨论会，我便将译稿交邓艾民先生参会时面转先生审看。先生不仅对我的拙劣翻译未加批评，反而在译文的首页页眉上写了"译文甚精"等，给以鼓励，使我喜出望外。这篇译文后来发表在《中国哲学》第十辑。

1983年，先生为《中国哲学年鉴》撰写《大陆中国哲学研究评述》，其中竟对我一篇小文特别加以奖掖，使我深受鼓舞。先生后来曾述及此事的原委：

> 予1982年举办国际朱熹会议，集世界朱子学权威于一堂，日本理学大家山井涌宣称朱子"理生气也"之语不见《文集》《语类》《集注》等书，如学者知其出处，请以见告之。予素有考察宋儒引语来源之癖，归而细检《文集》《语类》，与朱子其他著述，皆无所获，大失所望。次年在北京参加中国社会科学院中国哲学研究所座谈会，承赠《中国哲学史研究》1983年2期。见有陈来先生所撰《关于程朱理气学说两条资料的考证》，急读终篇，乃知此语载在吕柟之《宋四子抄释》，急以告山井涌教授，吾等皆庆出望外也。陈先生不特考出此语之来源，并详述其所原之《朱子语略》之流布情况，深叹陈先生考据之精审，其治学方法之严谨，实为当代学者所罕见。

按1981年春我在做研究生论文时，一次去问张岱年先生："侯外庐等的《中国思想通史》中引用朱子'理生气也'的一段话，我在《语类》和《文集》中都没有看到，不知其原始出处在哪里？"张先生说："这以前大家都没注意，你再找找。"过了两星期仍未寻到，我又到冯友兰先生家去问。冯先生说："前几天张先生还说起，不知道这段话出在哪里。"可见张先生还为此事帮我问了冯先生，我心里很是感激。1982年夏，我在北京图书馆查《朱子抄释》的时候找到了"理生气也"的出处，于是结合《语类》朝鲜古写本序的线索写了一篇文章。张先生看到我把问题解决了，便很快将其推荐到《中国哲学史研究》，在1983年发表。这篇小文章，颇受国际学界前辈陈荣捷先生的注意和好评。其实，1982年夏的夏威夷朱子学会议，本来邓艾民先生推荐我作为青年学人参加，但后来名额不够，会议在国内请了50岁上下的学者参加，所以我未能躬逢此次盛会。先生因为我的这篇小文，而对我有了较深的印象。

《朱子书信编年考证》实际上是我所写的第一部著作，虽然它并不是我最先出版的著作。这本书的写作，从1979年开始，至1981年初步完成。1981年夏，在研究生论文答辩会上，我抱去了一大摞稿子，题名为《朱子书信年考》。我把一尺多厚的稿子放在答辩委员会主席任继愈先生和其他委员先生的前面，作为我的论文《朱熹理气观的形成与演变》的旁证。其用意当然是想让各位答辩委员了解，在这个问题上，我并不是依凭着逻辑上的"大胆假设"，而是下过一些"小心求证"的文献功夫。

当时完成的工作是《朱子文集》中卷30至卷64论学书信的年代考证，但没有做卷24至29论时事出处书信的部分，因为这部分与哲学思想基本无关。当时也没有做续集和别集的书信部分的考证，虽然这部分书信分量不多。所以此书在当时只是初步完成。1981年秋天，我研究生毕业留校，第二年在教书之余把论时事出处和续集、别集部分的书信考证也完成了。

我原来的写作，是按照文集书信的顺序来写的，故称《朱子书信年考》。后来与邓艾民、楼宇烈先生讨论，他们建议做成系年的体例，我觉得也有道理。不过，这时我已经报考了张岱年先生的博士生，要考虑博士论文的写作和研究；而且邓艾民先生有一段时间因要指导日本高级进修生，把《朱子书信年考》的书稿借去参考。于是，这部书稿按系年体例的修改，就暂时放下了。1985年博士论文完成并答辩后,我一面教书,一面修改朱子书信的考证和博士论文。到1986年初,先改定完成了《朱子书信编年考证》,交给上海人民出版社;夏天,又修改完成了《朱熹哲学研究》,交给中国社会科学出版社出版。

早在1983年,杜维明先生来北京大学参加纪念汤用彤先生的会,我在勺园曾跟他谈过我的研究,杜先生当时说,如果有困难可以帮我联系到海外出版朱子书信考证的书。然而,当时改革开放不久,我又毫无经验,终于未敢答应海外出版的事。但杜先生对学术后进的热心帮忙,我是铭记在心的。后来杜先生1985年春天来北京大学任教,我跟杜先生交谈的机会更多了。1986年秋,由于杜维明先生的帮助,受鲁斯基金会的支持,我赴哈佛大学费正清中心做访问学者。

我于1986年秋作为鲁斯学人赴哈佛大学访问研究,到达美国后曾向杜维明先生提起,想联系陈荣捷先生。杜先生说他12月要去台北参加汉学会议,会见到陈荣捷先生,可以帮我转达。于是我就写了一封信,托杜先生带到台北会上面交陈老先生。"陈老先生"是我跟着杜维明先生对陈荣捷先生的称呼。陈老先生从台湾回美国后给我回信,希望我有空到纽约哥伦比亚大学参加他和狄百瑞共同主持的研讨会,也方便长谈。1987年4月,先生来波士顿开美国亚洲研究学会(AAS),启程前他给杜先生写信,约杜先生和我在剑桥"共饭"。杜先生便安排在剑桥市麻省大道的常熟饭店。当日杜先生还去接了当时路过哈佛大学的赵俪生先生一起用饭。

这次跟先生见面时,我将1985年完成的两册博士论文(打印稿)呈请他指正,并将《朱子书信编年考证》的"编例"呈上,请他便中为此书赐序。我还把带去的中华书局新出的标点本《朱子语类》送给陈老先生。不久,先生来信,对博士论文颇多肯定,并寄来了《朱子书信编年考证》的序文。先生在序文中说:

1987年4月，在剑桥市的常熟饭店，左起：杜维明、赵俪生、陈来、陈荣捷。

1987年4月，与陈荣捷先生在剑桥市的常熟饭店。

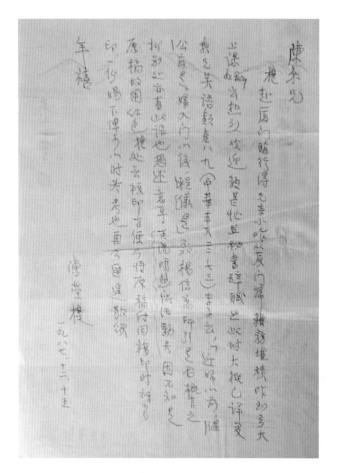

1987年底，陈荣捷先生的来函。

今其《朱子书信编年考证》业已完成，不只根据行状、本传，与诗文书札之内证，而且比订朱子同调讲友门人等之文集，以至《语类》及诸家跋语，如是旁证直引，内外夹持，治学若是之精详，可谓严密之至。然后系以年期，于是两千余书札之前后次序，井然可观。今后学者得以睹朱子思路之开展之痕迹，而其中年未定之见，与晚年定论，皆可确立无误。是则此书对于朱子生平与思想之研究，其贡献之大为何如也！去秋陈先生来哈佛大学深造，今春乃得会面，一见恨晚。承示考证编例，以序属予，予深信此书将为划时代之作也，油然以喜，归而为之记。

　　陈老先生的信与序文写在一种窄而长形的草纸上，共8页（见本书165—169页）。读者很容易看到，先生的序文对我的研究颇多奖掖之辞。其实，我那时只是一个35岁的副教授，先生则是当时世界范围内中国哲学的权威学者和老前辈，他这种提携年轻学人的大师风范，使我倍受感动，终生难忘。

　　1988年春，陈荣捷先生向狄百瑞介绍我去哥伦比亚大学新儒学研讨班讲课，我用狄百瑞的一间办公室，陈荣捷先生来上课时也在这间办公室。我在哥伦比亚大学讲学，主要是讲我对朱熹哲学的研究。每周陈先生来，皆得与先生见面。回国之后，与先生保持联系，每月皆有书信往来，所说无非学问之事。

　　1988年，先生看到《朱子书信编年考证》仍未出版，曾写信给台湾学生书局，希望促成此书在台的出版。1989年春天，学生书局委托到北京参加会议

1988年春，在哥伦比亚大学。

Wing-tsit Chan

Professor of Chinese Culture and Philosophy Emeritus
Dartmouth College

Adjunct Professor
of Chinese Thought
Columbia University

Anna R. D. Gillespie Professor of Philosophy Emeritus
Chatham College

陈荣先生：昨日荣收幸月十八赐示，欣知越若经和学力日进又善知

已收到《传习录详注集评》增为1988年二月修订再版又473印明再版重印

希生终生之局不至太过，胡乱以初版付上巴与韩国合作搜集来

子语录大全诚是一件大事，前日夏威夷朱子会议福尚九州大学冈

田武彦教授曾影印九州大学所藏孤本朝鲜古铜版朱子语类

办该会议总想回田叔授等对于此泉等之必首所闻韩国尚有我国

古籍不少，日本亦有不妨访求也，今日得学生之复书急复印付

以大陆为宜，书必须在台北出版，为然上台湾香港日本欧美研究朱子之人究不若大陆之多，尊著出版仍

题想至种之约以平装本定价一百分之二十五为版税备年计算等两次

函去三年1986朱子门人售55本，论集67本，译注196本，细问为

禅187，1987年为282、202、135，又去于1987泉译注196本，细问为

编路甚不大且版不能出境心续幸译发人将40余种换美元

重无润得利回决定心40决出版为直接寄稿往台北市和平东路一段

以两邮寄美表此事非期寻稿必须经印，若所闻甚止以为邮寄也

弟荣捷一九八九·廿八

Return Address: 228 Sharon Drive, Pittsburgh, PA 15221 (412) 271-3465

1989年，陈荣捷先生来函介绍台湾学生书局出版事宜。

1989年夏，在夏威夷东西方哲学家会议上与陈荣捷先生在一起。

的台湾学者龚鹏程与我接洽，原则上达成了在台出版的意向，但在这年夏天上海人民出版社出版了此书简体字版之后，学生书局还是放弃了原来的计划。

　　1989年7月，我参加了第七届国际中国哲学讨论会，以及第六届东西方哲学家会议，两个会的时间是连着的，都在夏威夷举办。受邀参加东西方哲学家会议的人比较少，中国大陆就我跟汤一介先生发言，其他受邀先生都没去成。张岱年先生没去成，冯契先生也没去成。台湾去的是沈清松，香港去的是刘述先。东西方哲学家会议的会期比较长，我印象中，那一次有一两个星期。我们就住在林肯中心。我记得，在夏威夷时，刘述先曾向杜维明转达了沈清松的一个意见，就是这次会议台湾的受邀学者太少。其实，受邀者的人选也不是杜先生决定的，如我的受邀就是陈荣捷先生力主推荐的。我想这也使得海外学者得以了解我的学术研究和水平在前辈先生眼中的地位。

　　在夏威夷举行的第六届东西方哲学家会议，先生是组织人，在中国学者的邀请问题上，他置一些知名哲学家于不顾，而特别提名邀我参加，对此我是深深感谢的。我赴美临行时，《朱子书信编年考证》刚刚出版，我坐飞机先到上海，在上海拿到新书，然后飞夏威夷。到夏威夷的第一天，就把新书送给先生。接下来开会，一直都没看见先生。第三天吃早餐时杜维明先生对我说，有件事，一会儿你会感到惭愧。说着，先生由安乐哲教授陪着来了。先生高兴地对我说："你果然不负我的期望！"我想这是因为他在给我写序的时候，并未看到书稿，所幸此书与他在序中表达的评价和期待还是相合的。然后他交给我一份东西。原来先生趁这两天开会的时间，为《朱子书信编年考证》做了一份索引，有近20页，他请安乐哲教授帮忙复印了几份，也给我一份。我理解，杜维明所说的"惭愧"的意思是，我或者上海人民出版社应该为《朱子书信编年考证》做好索引，而不应该还要等陈荣捷这样的老先生来为此书补做索引。英文、日文的学术著作往往都有索引，对读者很是方便。而中文学术著作一般都没有索引，尤其是，由于出版资源的紧张，20世纪80年代我国的出版社连学术著作的注释都希望去掉，以节省篇幅，当然就更不会考虑附印索引了。以本书的性质而言，确实很需要索引，以方便查检。这位当时已年近九旬的老先生，他的所作所为再一次感动了大家，昭示给我们什么是学术大师的风范，也显示出先生对做索引的重视，和做索引的能力之强。在陈老先生的启发之下，我一直希望，在本书再版的时候，附入陈老先生所做的索引，并作为对他的感谢和纪念，但一直没有得到机会。后来，2010年三联书店的新印本附有索引，是对旧本的一大改进。只是，这次新本所附的索引并不是陈老先生做的那一份。原因是，2003年3月，中国社会科学院研究生院的博士生王风同志，寄给我他用电脑做的此书的索引和排序，他的索引排序更为精细，因此这次新版就采用了他的，而没有用陈老先生的索引。但我个人对陈老先生的感念，是永志不忘的，所以我把这次印制的新本，敬献给已故的陈荣捷先生，以表达我的心念。这本书初版时印数不多，北京的书店进书亦少，新华书店当年就已售罄。20世纪90年代中期，万圣书园搬到北京大学东门外小胡同里，曾广为搜罗市场已断档的学术书籍，我的研究生在那里曾买到过几册。我听说之后即往寻看，把当时剩下的几本都买

SIXTH EAST-WEST PHILOSOPHERS' CONFERENCE

UNIVERSITY OF HAWAII • 2530 Dole Street C-302 • Honolulu, Hawaii 96822
(808) 948-8410 • 948-8323

Honorary Chairman
WING TSIT CHAN

Director
ELIOT DEUTSCH

Steering Committee
ROGER T. AMES
WING TSIT CHAN
ELIOT DEUTSCH
DAVID KALUPAHANA
KENNETH KIPNIS
GERALD LARSON
HENRY ROSEMONT, JR
TU WEI MING

陈荣捷先生为《朱子书信编年考证》做的索引，做于1989年东西方哲学家会议上。（1）

陈荣捷先生为《朱子书信编年考证》做的索引，做于1989年东西方哲学家会议上。（2）

了回来。

1989年秋，先生来北京参加纪念孔子2540诞辰讨论会，曾与国外学者一起受国家领导人接见。会议后先生要我陪同去参观中国农业科学院种质库，因为这个种质库是先生的儿子设计的。适时在政治风波之后不久，我观先生，处此极具历史眼光，非常人可比。

1990年冬，先生以90岁高龄来厦门参加朱子会议，并游武夷山，拜朱子墓。我虽未去参加会议，先生在会上应中国社会科学出版社之邀，写了我的《朱熹哲学研究》一书的书评，文中屡加称许，使我感激不已。书评中说道：

　　此书是陈来在北京大学哲学系研究有年，在张岱年教授指导之下之博士论文，经由中国社会科学博士论文文库编辑委员会审查，选出论文中之少数精英者，于1987年印行出版。书分四大部分，为理气论、心性论、格物致知论与朱陆之辩。前面有张岱年序，后面有后记，说明"其中诸说虽经反复沉潜，皆非出一时之得，然质钝而功不足，于探其深而尽其微者，自觉尚有未备"。此是自谦之词。如是水平之高之博士论文，中国外国不多见也。

　　书之优点有三：叙述异常完备，分析异常详尽，考据异常精到。此外著者多用朱熹本人著作，亦一特色。叙述方面，理气论分别讨论理气先后，理气动静，理一分殊，人物理气同异。心性方面，分别讨论已发未发，性之诸说，心之诸说，与心统性情。格物致知之论，则包含格物与致知，格物与穷理，与知行问题。叙述朱陆之辩，第一章为鹅湖之前的朱陆思想，第二章为朱陆之辩的历史发展，第三章为朱陆哲学主要分歧。秩序井然，毫无赘语。

　　……在此讨论之中，考定"人自有生"四书为中和旧说，答何叔京"昨承不鄙"与"人自有生"四书同时，答何叔京书作于丙戌（1166年），答张栻四书作于丙戌与丁亥（1167年）（193—198）。此为全书之出类拔萃者。不特此处为然。陈来有《朱子书信编年考证》（上海人民出版社1989年），将朱子二千许书札，断定其年期。数量之多，考据之实，远出乎王懋竑《朱子年谱》与钱穆《朱子新学案》之上。

先生以国际朱子学研究权威的身份，在开始用三个"异常"评论此书的优点，在后面又具体地指出此书在考证上所得的各个重要结论，大家手笔，是对拙著的巨大支持。1990年8月，我写信告诉他，关于王阳明的拙著已经写成，正在印制过程中，将在扉页题词敬献先生。蒙先生允许，回信曰"愚将与有荣焉"，使我略偿了报答先生的心愿。

先生为人清平严正，对后学极尽奖掖之力，一生致力中国哲学思想的研究、介绍，治学十分严谨。所著朱子门人、朱学论集、朱子新探索，为20世纪朱子学研究的最重要成果。在中国哲学思想研究领域中，先生是唯一在中文世界和英文世界并执牛耳的卓越学人。

1992年夏，因有一年未得先生音讯，心中甚感疑惑。秋中在台访问，因朱荣贵兄得知，前一年先生因外出时跌倒致疾住院，对健康影响甚大。我闻此消息，忧心忡忡，而数次致书问候，皆未见回。无奈，唯有私祝其早日康复而已。1994年8月23日，杜维明教授来北京，告及陈老先生日前病故，我闻之惊愕，唏嘘良久。8月26日接到狄百瑞教授来信，正式通知先生于8月12日逝于家中。8月30日又接朱荣贵兄函，且寄示《中国时报》唁闻。从先生临终的情况看，应当说是无疾而终，但每想到他这么快离去是因两年前的跌倒所引起，不免悲痛惋惜。以陈先生三年前的健康状况来看，若不是那次跌倒，他的寿数超过百岁，是没有问题的。数日之中，每一思及，辄为之黯然，不能自已。

我认识陈老先生时他已85岁，他90岁时仍神采奕奕，步履如常，神思敏捷，笔力甚健，所以朋友们一直相信他必然要寿至百岁。他对我和我的朱子研究，可谓奖掖独厚，我现在保存的他晚年和我的通信有几十封。他平易近人、虚怀若谷、不耻下问、提携青年学者的风范，至今仍使我深深感动。

美国在战前和战后初期都不重视理学研究，至20世纪70年代始为之一变，以哥伦比亚大学和哈佛大学为中心，新儒学和朱熹的研究一时兴起。1977年，陈荣捷先生海外教学40年纪念时，他曾作诗三首，兹录其二：

> 海外教研四秩忙，攀缠墙外望升堂。
> 写作唱传宁少睡，梦也周程朱陆王。

> 廿载孤鸣沙漠中，而今理学忽然红。
> 义国恩荣固可重，故乡苦乐恨难同。

"而今理学忽然红"是指20世纪70年代美国中国思想研究的变化，这在改革开放后的中国也同样出现了。"写作唱传宁少睡，梦也周程朱陆王"，传神地写出他对理学先贤的景仰。我想，在他生命的最后20年，梦中所见已唯有朱子，他在朱子身上倾注了他的全部生命和全部感情，朱子研究已经毫无疑问成了他的终极关怀。

在我的心目中，他无疑是一个伟大的学者。在我的了解中，他的人格气象和精神境界已经达到了理学所推崇和倡导的仁者的境界。今天，在回忆起与他的各种交往的时候，我的内心充满了对他的深切怀念，久久不能平静。

九州大儒二三事

——我认识的冈田先生和荒木先生

　　我在 1978 年考取北京大学哲学系中国哲学史专业的研究生,从此开始对宋明理学的研究。这个时期正值中国开始改革开放,中外学术交流逐渐恢复。其实,就中日之间而言,我的经验是,由于 1972 年中日邦交的恢复,在"文革"后期,学术文化的交流开始恢复。如北京大学图书馆一直订有日本学刊,如《东方学报》等。由我们看到的照片可知,京都大学的岛田虔次教授 1974 年访问北京大学,参加会见的有冯友兰、张岱年、汤一介等先生。1979 年东京大学的山井涌教授率代表团访问北京大学,其中有池田知久等,张岱年、朱伯崑先生率我们一行人都参加了。80 年代人员交流更加广泛,早稻田大学的学者先后来北京大学做长期访问的,有吾妻重二(1981)、土田健次郎(1985),他们也是我最早的日本朋友。

　　虽然岛田虔次的《朱子学与阳明学》流行很广,山井涌的明清哲学研究也为人所知,但是经过 80 年代初期的学术交流,我们也已经知道,日本关于宋明理学研究的最重要的基地是九州大学,代表人物就是冈田武彦和荒木见悟。九州大学宋明儒学的研究,根源于楠本正继的祖父楠木端山,楠木端山专攻宋明儒学,继承了山崎闇斋的朱子学。楠本正继 1926 年至 1960 年长期担任九州大学教授，研究朱子学和宋明儒学，其弟楠本硕水也是朱子学家。冈田武彦是楠本正继的学生，并有志于继承发扬楠本创立的九州学派，自1958年以后长期担任九州大学教养学部教授，他以主编《朱子学大系》与《阳明学大系》而闻名世界。楠本端山祖孙三代家藏的宋明儒学的资料，九州大学多年置备的宋明理学资料，也是九州宋明理学研究在日本得以领先的重要原因。

1985年8月，我应邀去日本筑波大学参加李退溪会议，在会上就见到了冈田武彦先生。当时由吾妻重二帮忙做翻译，冈田武彦先生问，冯友兰先生现在是否可以写自己想写的东西，我回答说可以。回北京后，在冯友兰先生书房看到冈田武彦先生的赠书《宋明哲学的本质》，我就向冯友兰先生转达了冈田武彦先生的话，冯友兰先生说："我现在就是写我自己想写的东西。"

1988年，我的《朱子哲学研究》一书出版，我托吾妻重二代寄给冈田武彦，后来《朱子书信编年考证》《有无之境——王阳明哲学的精神》，也都通过日本友人寄送给他老先生。原因是，那时我们的月工资约100元，寄一本

1985年，在日本筑波大学，左起：辛冠洁、冈田武彦、陈来。

书到国外，国际邮费要几十元，所以一般都通过来中国的日本朋友带回日本分寄给要赠送的学者。冈田武彦先生每次收到我的书，都会写信给我，告知收到。下面是1988年他给我的回信：

> ……
>
> 此次通过吾妻重二氏拜奉贵著《朱子哲学研究》，不胜感谢。得知您乃张岱年先生弟子，此诚为大幸事。我也曾师从优秀的恩师，深感幸福。张岱年先生对中国哲学有深刻理解，我对他十分尊敬。我自己认为，近一个世纪以来，学界一直用西方研究方法理解中国哲学，但是如果不尽快超越这一做法，对中国哲学精神的理解反而会失于浅薄。我年轻时也曾犯这一错误，到三十七八岁时才醒悟，因此衷心希望青年学者们能够及早觉察。
>
> 请代向张岱年先生转达我的问候。
>
> 不一
>
> 冈田武彦

通过吾妻重二的介绍，他已知道了张岱年先生和我的关系，而且表示关注。他特别对青年学者提出，要尽快超越用西方研究方法理解中国哲学的做法，而集中于中国哲学"体认"的智慧，表达出他对青年学者的真切关心。下面是1989年他给我的回信：

> 贵翰拜受。因私事多有失礼。我想起了在筑波大学时的事情。
>
> 得知您研究朱子学、阳明学已有研究成果并且出版，似乎中国出书尚为容易。日本则困难重重。很抱歉未能参加不久前的北京孔学国际学会，缺席的原因是出于我个人的考虑。
>
> 因为年龄的关系，近来一直关注对儒教现代意识的探求，但因杂志

等事甚忙，不能尽如人意。考虑到当今世相，希望一般人也能对东洋思想，特别是儒教思想有所理解，所以一直在为他们讲解《论语》及其他著作，其中只有《传习录》的内容比较专业。

如有机会来福冈请通知我。请代向张岱年先生问候。

1989年12月9日

冈田武彦

从这封信可以了解，冈田武彦先生晚年主要关注儒学的现代意识，关注儒学的普及。他的记忆力很好，所以他说记起了我们在筑波大学时的谈话。

1991年7月，冈田武彦先生写信给我：

得知先生健康安宁，钻研有成，欣喜至极。

此次收到您惠赠的高著《有无之境——王阳明哲学的精神》，甚为感谢。您对阳明思想精神的精致解说，令人敬服无已。虽然有识之士素来也都知道王阳明年谱存在误谬，但本书的整理和说明使得这些问题更加清晰，为学界提供了极大的方便。在下从上月起稿撰写《王阳明详传——学术与思想》，请允许我在写作中参考贵著。

听说北京仍在酷暑之中，望您保重身体。

一九九一·七·一

冈田武彦

陈来教授侍史

1994年4月，我到日本参加九州大学主办的"东亚传统文化国际会议"。此会经历了四年的筹备之后，终于在福冈举行。参加会议的学者可以说代表了当今世界宋明儒学与新儒家学术研究的最高水平。参加会议的学者，有日本的源了圆、金谷治、沟口雄三、町田三郎，美国的狄百瑞、余英时、杜维

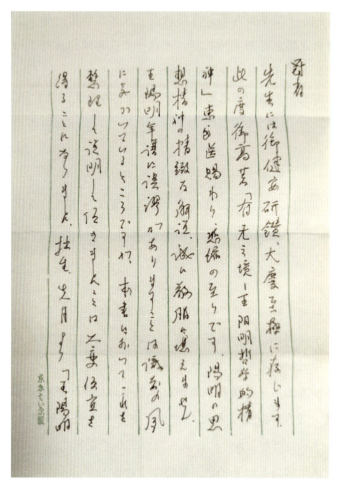

冈田先生的来信（1）

明、傅伟勋、成中英，法国的汪德迈，等等。来自北京大学、中国人民大学、中国社会科学院及浙江社会科学院的多名中国学者参加了这次盛会。冈田武彦担任本次大会的名誉主席。这是日本多年来所主办的有关儒家思想研究的最高级别的一次国际会议。

　　会议的核心人物无疑是86岁高龄的冈田武彦先生，这次会议某种程度上可以说是由他一人筹划的，而世界各地学者也是冲着他老先生的面子而来

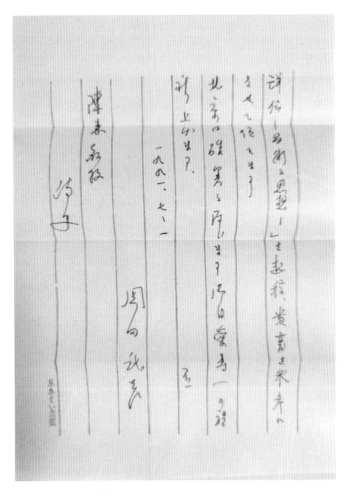

冈田先生的来信（2）

九州参加会议的。这一点很像陈荣捷先生1982年在夏威夷主办的朱熹学术会议。冈田先生无疑是日本当今的大儒。福冈和整个九州地区是日本距离中国最近的地区之一，素来有儒学研究的传统，历史上福冈的学者如安东省庵与朱舜水有极好的友谊，开启了江户儒学的水户学派。这次会议上见到冈田武彦，他的身体与十年前一样健康。由于参会的国际学者甚多，他忙着与狄百瑞、汪德迈等谈话，所以这次没有机会跟他多说话。

1995年12月，与冈田武彦先生在九州大学。

1995年12月，冈田先生请我们吃相扑火锅。

　　1995年秋，我受日本国际交流基金支持，到东京大学文学部做访问学者，并担任一门课程。1995年12月，我应邀访问九州大学，并做了"现代儒学与中国"的报告。报告前的欢迎会上，冈田武彦先生讲了话，町田三郎教授等都在场。次日，我们到冈田武彦先生家做客，在座的有三浦国雄等，陈少峰当翻译。当日晚，冈田武彦先生请我们夫妇吃了相扑火锅，还送我他手书的"兀坐赞"。在九州大学访问时，冈田武彦先生惠赠我其新书《王阳明小传》，扉页写"陈来先生批正"。作者在全书最后说："本《年谱略》参照了陈来的《有无之境——王阳明哲学的精神》第十二章《年谱笺证》。"

　　冈田武彦先生的中国弟子李凤全，20世纪90年代从九州大学毕业，往来于上海和福冈之间。20世纪90年代后期，他热心于冈田武彦和张岱年先生的学术对话，往来联络，后来终于促成了这一场世纪对话，于1995年12月2日至4日在北京举行。因为当时我在日本，所以未能到场聆听。对话的成果后来以《简素与兼和》为题出版了。这场对话是中日两位儒学大师在21世纪来临之前的一次有关中国哲学、儒家学说、东西方思想的重要对话。像这样的两位东亚世界的重量级人物，在这样的关键时刻，举行这样的"世纪对谈"，是空前绝后的。此次对谈的内容，随着岁月的流逝而愈加显示出它的价值和意义。张岱年先生生于1909年，冈田武彦先生生于1908年，而两位先生都在2004年离世。

荒木见悟也是楠本正继的学生，与冈田武彦一样，也有志于坚定维护九州大学宋明儒学研究的传统。与冈田武彦从西方哲学转入中国哲学不同，荒木见悟是从佛教转入儒学与佛学的交互研究，相同的是两位先生都关注明代儒学和阳明学。

1991年10月，荒木见悟先生来北京访游，因为他此前看过我的朱子学和王阳明研究方面的拙作，所以到北京后便问陪同他的难波征男，能不能和我见面。当时正好在北京举行中日第四次佛教学术会议，我也在受邀之列，是楼宇烈先生推荐我参加的。我提交的论文是《南宋的心学与佛教》。知道我要到会发表报告，于是难波便决定带荒木见悟到会上，以便于跟我见面。当时难波在中国人民大学进修，我和他还不认识，但来北京参加此次会议的早稻田大学的土田健次郎是我的老朋友，于是在会上土田就向我介绍了难波，然后难波就向我介绍了荒木见悟先生。当时荒木见悟先生送给我他的小书《佛教与阳明学》，扉页写了"陈来先生指正　1991年10月14日"，这正是中日佛教会议第一天开会的日子。

1994年4月，我应邀去九州大学参加国际会议，其间，4月8日与几位朋友和荒木见悟先生一起照了相。有趣的是，荒木见悟先生穿的是传统和服，冈田武彦先生穿的是西装。1995年12月中旬，我应邀到九州大学访问，专门访问了荒木见悟先生家。领我们前往的是荒木先生的学生野口善敬，还是陈少峰当翻译。到荒木先生家，坐下之后，荒木先生拿出《有无之境——王阳明哲学的精神》一书，打开来可以看到，里面很多用红笔画的道道。看到拙著受到荒木先生这样的日本学者的重视，我的内心还是很欣慰的。荒木先生问我，此书是否主要用西方哲学来比较研究阳明哲学？我回答说，一部分是这样的，有这样的需要，如神秘主义体验的问题；但主要的还是内在的研究，如有无的境界，是阳明学内在的问题，与佛教相关，不太需要借助与西方哲学的比较。其间，荒木先生的夫人请我们喝茶吃点心，对内人尤为关照。

1998年，我在为香港公开大学写的《宋元明哲学史教程》中，对荒木先生所提出的"本来性—现实性"的分析方法有所采用。如讲到程颐的哲学，在关于性即理的分析中，指出："他承认性在本源上是善的，又承认性有本然之善（如水有本来之清）。本来之善的观念是一种思想方式，即分别现实的存在和本来的存在，即现实性和本来性，认为在现实性的存在中还有本来性的存在，本来性是更根本的本质的东西。"（三联本122页）在分析朱熹"天命之性与气质之性"的一节中，也采用了这种分析。

2019年9月14日至15日，由复旦大学哲学学院与上海儒学院主办、上海市儒学研究会与中华日本哲学会协办的"中国哲学的丰富性再现——荒木见悟与中日儒学国际研讨会"在复旦大学举行。我在开幕式的讲话中表示，荒木见悟先生的研究在佛教，尤其是《华严经》、如来藏的研究，以及宋明理学中朱子学、阳明学的研究等方面皆有举世瞩目的成就。特别是荒木先生由佛教研究转向阳明学研究，一向以"佛教与某某"的视角进行研究，这样一种独到的研究思路和学术取向值得注意。与此类似，欧洲现象学家耿宁也是最初研究佛教的唯识学，后来转向阳明学，并写下了巨著《人生第一等事》。东西方两位重要学者的学思历程都有深入的佛学训练，这对于我国学术界的未来研究具有启发意义，值得我们省思。在15日下午的闭幕仪式上，我谈到，大家在探究荒木见悟先生之研究成果的同时，也有学者提出了"反思与超越""商榷与补充"，在继承前人研究的基础上，如何开辟中国哲学研究的新局面，值得认真思考。我提出可以从三个方面进一步推进荒木先生未竟的研究工作：一是荒木先生的研究偏重心学，而宋明理学研究需要注意

1995年12月，与荒木见悟先生在其家中。

1995年，在荒木见悟先生家中。

朱子学与阳明学研究的平衡，仅仅从阳明学的角度反思朱子学，还不是全面的；二是在 20 世纪学者的研究中，有些学者重视明清思想中的近代性因素，强调晚期封建社会中已包含近代主义和启蒙意义，这种研究思路在中国是由侯外庐先生前期著作开始的，日本的荒木见悟先生也有类似的意识，但是在新的时代，是否还要将思想的这种外在性看作价值评判的重要标准，这是值得反思的；三是要注意思想有内在的精神，也有外在的变形，研究过程中应当对此展开全面的分析和掌握，不能仅突出外源性因素对思想发生与发展的影响。

冈田武彦和荒木见悟是日本老一辈的明代阳明学研究的卓越代表。冈田武彦先生在其后期，不仅关注儒学在日本社会的普及，而且形成了他自己的以"静坐体认"为中心的儒学思想。两位先生是日本战后当之无愧的"大儒"。21 世纪以来，随着中日学术交流的深入，中国新一代的阳明学学者已经较以往更多注意吸取两位先生的研究，我们也期待中日两国的宋明儒学研究在加强交流中不断深入发展。

原儒的探索

——我写《古代宗教与伦理：儒家思想的根源》

北京大学博雅讲坛第 98 期（2017-06-28），杨立华主持

    首先，感谢北京大学出版社举办这次活动，我觉得这不仅是一个学术讲座，更重要的是北京大学出版社最近出版了我的两本书，接下来还要出版系列。先出的这两本，一本是《古代宗教与伦理》，一本是《古代思想文化的世界》，我想今天这个会更多的是推介，所以非常感谢出版社的领导。其次，我也感谢立华来为我站台，他自带能量，这对我是非常大的支持。

    学术方面我不想讲那么多，而且这本书讲起来恐怕也很枯燥。我想回顾一下写书的过程，来跟大家分享。

    我是什么时候开始下决心写这本书的呢？我现在也不是非常确定。在三联书店最初出版此书的时候，1996 年的第一版有个后记。后记中说，1987 年 12 月我在哈佛大学燕京大讲堂，参加了一个关于中国文化的研讨会。其实，1986 年 12 月的会我也参加了。这个会是由郑培凯教授特别推动的，每年在哈佛大学那里举办一次文化研讨会，主要是请北美地区有卓越成就的华人学者，做关于中国文化的讲演。听众一部分是波士顿地区各大学的学生，但更多的可能是华人听众，不一定是学文科的，可能是工程师，也可能是大夫。我去的第一年就碰到张光直先生，还有普林斯顿来的高友工先生的讲演。高

友工讲的是"中国美典"，当时我从中国哲学的角度提了一两个问题。我提的问题好像有点尖锐，当时我不太熟悉美国的提问习惯。1987年12月又开了一次会，几个人讲演，王浩先生是研究逻辑的，他应该也算我们北京大学哲学系的校友，因为冯友兰先生、金岳霖先生对他都有很大的影响。其他几位是张光直、许倬云、余英时。当时张光直讲的是中国夏商周三代巫文化，特别以商代作例子。许倬云先生是研究西周史的，他特别讲西周制度对后世的影响。余先生讲突破的概念，讲中国思想史的五次突破，他从周秦时代讲到明清时代。会议主办者事先指定我作为评讲人，还有一位是香港大学的评讲人。我就评讲了一番，大家的反应还不错。晚上吃饭，在饭桌上，余先生和许先生说你也不用回去了，他们讲这个话我的理解是，在他们的帮忙下，我在美国找个工作还是可以的。许倬云先生特别强调，英时是新加坡的"国师"，意思是你去新加坡工作也没问题。那时候很多学者都是奔着留在美国，不过我当时没想过这些。总的来说，我的那些评论和提问，还是受到了这些学者的肯定。

这本书最早是在三联书店出的。三联本后记我也说了，我写完这本书才突然意识到，写它的根子就是1987年12月在哈佛大学的思考，但是那时候我正在准备阳明学的研究，王阳明的书我于1990年4月交稿。然后张岱年先生让我写《宋明理学》，大概1991年完成。今天我找到一个老的笔记本，这个笔记本后面的出版日期是1990年12月。我在笔记本第一页写"1991年6月启用"，上面两行字我写的是"历史学、宗教学、社会学、文化人类学、民族学、伦理学、考古学笔记"。这个就是我写这本《古代宗教与伦理》的笔记，里面是为了写这本书读的重要的文史方面的书、人类学方面的书时的感想和评论。这样算起来，我应该是1991年6月正式开始准备写这本书。我今天早上才找到这本笔记，打开没看几页就发现一条记录："1991年7月15日下午访李学勤先生。"当时为准备此书的研究，我访问过李学勤先生，那是1991年7月，那时候他住紫竹院南面的社会科学院宿舍，跟他谈的内容我记了七八条。其中说儒家的"儒"字就是师。我又发现1991年12月张光直先生回我的一封信，因为我写信告诉他，我要写的一本新书跟三代文化有关系，请教他。所以他给我回了信，信里问现在要写的新书是什么书，又说什么时候来美国一定好好谈谈。他信里面有一段话，是他对三代巫文化的想法，我在书里面写了他的这个观点，但是我没写出处，其实就是张光直先生的信。有些前辈在引用我这本书的时候，不引用我的观点，就引我书里面没有说明出处的张光直的观点，因为在别的地方找不到。1992年9月我到哈佛大学开会，那个会是杜维明先生主办的，因为那个会讲诠释，并没有邀请张光直先生参加，所以我就专门跟张光直先生吃了一顿饭，还是讲三代文化。这是最早的缘起，应该是1991年的时候，开始用笔记来做准备。

从这本书的名称就可以看出来，我一开始使用的就是多学科、跨学科的方法。因为书里研究的时代是前哲学时代，哲学还早着呢，不可能用哲学的方法，所以使用很多人类学、宗教学、历史学、社会学、考古学等相关学科的研究方法。当时我就找人类学的书，人类学的书大部分是由民间文艺出版社出版的。20世纪80年代人类学的书都是民间文艺出版社出，民间文艺出版社社址在西单。后来我就到他们社去找，当时那个社已经基本上停摆了，可是他们出的书还堆在旧址里面，我到那儿挑了很多人类学的书。考古学的书我也看了一些，当然我们也不需要去看那些太专业的考古发掘报告。2004年我去台湾讲演的时候，当时许倬云先生也在，他没有提问，只是做了评论，说还是应该多看考古学的书。其实我该看的也都看了，最重要的是三大本：第一本是20世纪60年代出版的《新中国的考古收获》，第二本是20世纪80年代出版的《新中国的考古发现与研究》，第三本是《中国大百科全书考古学》。考古学里真正能够对思想史有参考作用的研究和结论，应该说这三本书里都包括了。因为考古学有很多细节，跟我们思考的很多问题没有关系。所以考古学方面我也做了一些文献的调查和了解，当然多数还是那几本书里面的。

大概在 1992 年夏天，我到大连住了两个星期，我一路看的书就是弗雷泽的《金枝》，一个夏天我都在看这本书，开始确立了书的结构框架。中间因为我又编了其他的书，编了冯先生的语录，还编了一本由上海文艺出版社出版的冯先生的文集，在台湾也出了一本书。我本来的专业当然是宋明理学，我开始这项研究的时候，宋明理学已经出了四本书。但是我离开宋明时代，开始同时开展前轴心时代和当代儒学的研究。这本书真正的写作时间应该是 1994 年，从夏天开始集中写，一直到 1995 年春天，春夏之交的 5 月写完。没想那么早停笔，本来还想继续写。但是因为当年 9 月要到东京大学讲学，所以我就想差不多可以告一段落了。

　　稿子写好，我本来是想拿到人民出版社出版，因为王阳明的书是在那里出版的，所以先去跟他们聊了一下。我还没把稿子拿去，这时候三联书店的许医农先生来了电话。许医农是贵州人民出版社的资深编辑，当时三联书店的领导董秀玉女士把她从贵州请来帮忙。她给我打电话，说你拿书稿支持三联·哈佛燕京学术丛书吧。三联·哈佛燕京学术丛书成立的时候我去开过会，他们的宗旨是为新进学者服务，我那时已经不算新进了，所以想多给青年学者留一些出版空间。许医农说不行，这样的话就赶不上上海三联书店的那套书了。我说好吧，那就给三联书店出吧。后来人民出版社说我只是去他们那里虚晃一枪，就转身拿给三联书店了，其实我本来是想给人民出版社的。不管怎么说，促成和三联书店的合作，许医农功不可没。确定在三联书店出版后，需要先请专家推荐，赵一凡是学术委员会常务，他让我就近送季羡林先生写推荐书。季先生是老先生，也是此丛书的学术委员会主任。本来是不好意思请他的，但一凡如此说，我就拿了头尾两章稿子去找季先生，也不敢多带，怕太劳动他。见面后，季先生说："有的稿子，看了也不敢写；你的稿子，不看也敢写。"季羡林先生写的推荐书中有一句"陈来教授是一位既能博通今古，又能融会中西的学者"。这是老先生的提携，但季先生的表扬，我实在不敢当。由于推荐意见要登在书的封底，于是我和许医农商量后，她把这一句改为"是一位沿着博通古今、融会中西之路奋进的学者",我这才觉得安心一些。

在北大中年学者中,陈来教授是一个佼佼者。

据我个人的观察,研究中国国学的老一代学者中,博古通今者,有卓越造就与贡献者,颇能举出一些人来。但既能博通今古又能融合中西者,则极为难得。居今之世,研究国学而不能通西学,其成就与贡献必将受到局限,此事理之至者。

陈来教授是一位既能博通今古又能融会中西的学者。他的著作之所以能引人瞩目,备受赞扬者,其原因也就在这里。

他的新著《儒家思想的根源》(据他来信说,这可能还不是最后敲定的书名),正表现了我上面说的那个特点。我虽然只读了一部分他的原稿(因为全书还没有写完),但是仅从这一部分中,就能够发见,他对过去许多中国大学者,比如胡适等都探讨过的问题,确有新的而且是言之成理的见解,可以称之为真知灼见。

我们丛书中收入此书,不但弥补选题方面的不足,而且对中外学术界也是一个新的贡献,用特郑重推荐。

季羡林

1995.5.10

然后,这本书到1996年5月出版了,出版的前一个星期,我在韩国开亚洲哲学会议,中国大陆只有我一个,台湾是黄俊杰来参会,海外是李泽厚。回到北京这本书就出了,出了之后就寄给了李泽厚。李泽厚打电话来说,你这本书一定是一部有重要影响的书,我就记住这句话了。李学勤先生收到我的新书,回信中用了"体大思精"来鼓励我,我觉得很受鼓舞。书出了一段时间以后,我就想,许医农怎么不跟我说稿费的事?等到8月,我就给她打

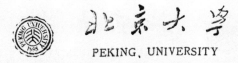

北京大学

PEKING, UNIVERSITY

推荐书

在北大十年学者中,陈来教授是一个佼佼者。

据我个人的观察,研究中国国学的老一些学者中,博古通今者,有卓越造诣与贡献者,固然能举出一些人来。但既能仆博通今古又能融合中西者,则极为难得。居今之世,研究国学而不能通西学,其成就与贡献必将受到局限,此事理之至者。

陈来教授是一位既能仆博通今古又能融合中西的学者。他的著作之所以能引人瞩目,备受赞扬者其原因也就在这里。

他的新著《儒家思想的根源》(据来信说,这可能还不是最后敲定的书名),正表现了我上面说的那

季羡林先生的推荐书,写于1995年5月10日。(1)

北京大学

PEKING·UNIVERSITY

个特点。我虽然只读了一部分他的原稿（因为全书还没有写完）。但是，仅从这一部分中，就能够发见，他对过去许多中国大学者，比如胡适等都探讨过的问题，确有新的而且是言之成理的见解。可以称之为真知灼见。

我们丛书中收入此书，不但弥补选题方面的不足，而且对中外学术界也是一个新的贡献。因特郑重推荐。

季羡林

1995.5.10

季羡林先生的推荐书，写于1995年5月10日。（2）

电话，我说老许我的书都出了三个月了，稿费怎么着了？她说你老先生不看合同吗？我们现在都改版税了，到年底才结算呢。我说那行吧。第二天，她打电话说你来一趟吧，让我去拿钱，说董总看了一下，印了一万册，已经卖了8000多元，就说给他结了吧。

当时我把新书送给牟钟鉴和吕大吉。牟钟鉴在宗教所待过，研究过古代宗教，对道教很有研究，对原始文化也很有研究。而吕大吉是宗教学科的带头人，研究西方宗教学史，出版了几部重要的宗教性著作，我都参考过。吕大吉就对牟钟鉴说，陈来的书写得很好。牟钟鉴说没见他研究过原始文化，也没见他以前发表过这方面的研究啊。因为那个时代有些人要么是做原始文化研究，要么是做原始思维研究，我的研究路数其实与这些有所不同。吕大吉说，陈来对西方宗教学很了解，所以他就到处宣传我的这本书。1996年，我们在密云白龙潭开朱先生的会，当时牟钟鉴和我们北京大学哲学系一位研究西方哲学和宗教的学者议论，说宗教学这个概念不知道是谁先提出来的。我当时就说是麦克斯·缪勒最早提出来的。可见当时我们有些研究古代宗教、中国宗教和西方宗教的人，对宗教学历史本身还不是很清楚，但是我已经摸过一遍了。所以，李泽厚、李学勤、吕大吉和诸位前辈的肯定，增加了我对此书的信心。本来我还有点忐忑不安，因为我的写法跟以前的研究确实不一样。

一开始我本来想单纯做儒家思想的探源研究，我觉得以前的研究对这个问题没有搞清楚。一个是把它归结为对"儒"这个字的研究，一个是对"儒"做职官的讨论；一个是语学的，一个是史学的。这样就容易产生混淆，把儒家思想根源的问题，混淆为"儒"的字源问题和职官问题，而跟儒家思想没有关系。后来我的研究就不是仅仅讲这个，而是把它放在整个三代文化、古代文化，特别是古代宗教的演进这个脉络里讲的。我的思路首先是受到张光直先生的人类学研究的影响，重视三代的巫文化，并由此入手。所以我命名古代早期文化为"巫觋文化"，从宗教学上来讲相当于原始宗教。

1996年6月，与张光直先生在其哈佛大学办公室。

因此我并不是破天荒提出一个框架，而是参考了各个学科已有的研究成果。但是我不赞同张光直先生把三代文化统称为巫文化的主张，主张要讲出文化理性化的进化过程。1994年，邓正来办了一个杂志叫《中国社会科学辑刊》，如今邓正来先生已经去世了。他当时想成立一个中国社会科学辑刊基金，我记得基金是六七千块钱，他说"第一个要发给你"，结果第一个就给了我。我得提出一个研究的东西，这就是我在他的杂志发表的文章，叫《殷商的祭祀文化与宗教类型》。我提出殷商文化已经不是"巫觋文化"，我把它命名为"祭祀文化"，从宗教学来讲相当于自然宗教。海外学者很关注这个杂志的文章。后来我1995年到哈佛大学开会，当时在哈佛大学念学位的周勤就告诉我，她是杜先生的学生，因为她的那个委员会里有张光直先生，张光直就曾把我的这篇文章复印给他的学生们，还说"这是针对我的"。当然他是非常宽容大度的学者，并不是说对我有意见。1997年，我在哈佛大学的时候问周勤，你看完我的书以后觉得怎么样？她说："我还没有找到问题，但是我总觉得有问题，因为你讲得太圆满了，不应该那么圆满，讲得太严丝合缝了，所以一定有问题，只是我还没找到。"

1996年到哈佛大学开会时，我给张光直先生打电话，约他见面。他是11点到的，因为他的帕金森病很厉害。我是带了刘东一块去的。张先生刚一上来台阶，就站不住了，我们赶快把他扶住。在他的办公室里，我就把刚出版的这本新书送给他。他说："我已经有了，最近正在看。这是哲学家做的古史研究。"后来我的第二本《古代思想文化的世界》，引了他的这句话。他说"这是哲学家做的古史研究"，因为这显然不是一个考古学家、历史学家做的，这是哲学家的探索，比较追求理论性。我也觉得我的研究比较近于卡西尔。他说："我8点钟就起来赶你的约。"他11点钟到，三个钟头的时间。当时我心里一沉，他一个人住那么远，独自生活，还要开车。他8点钟起来，洗漱，吃饭，开车……都要费一番工夫。应该说我各方面都受惠于这些前辈。

2004年，我到台湾"中研院史语所"访问，做了一个讲演，就是讲夏商周文化、宗教的演进。当时史语所的学者提了很多问题，但都没有什么有水准的问题。台湾学者说我们很能提问题，你要小心接招，他们多是为提问题而提问题，也不了解这个问题的研究情况。当时许倬云先生也在，他是古史学者。可是，后来史语所要编的《中国史新论》，有一个思想史分册，其中从殷商到西周的部分还是请我写的。这就说明即使在史语所这样的地方，最后还是要肯定我们的这个研究。这就是我的写书过程。

第二本书的写作没有时间细说了，余敦康先生对此书有一段评论，已经印在这次北京大学出版社的新印本上了，也可以看到前辈学者给予的肯定。

最后我引用一位海外著名前辈学者的话。《古代思想文化的世界》那本书出版以后我寄给他请教，他给我回了信。信的内容我念几句：

> 两月前接获大著《古代思想文化的世界》，为前著《古代宗教与伦理》之续，内容丰富，条理井然，融会新知，以重明中国古代文化史之

发展。较之30年代以来前辈学人的研究，已推进甚远。尤可佩者，态度雍容，思虑深沉，此真学术史研究之进步，承前启后，厥功至大。

我就不披露这位前辈的大名了，否则好像我在借助前辈的大名来提高自己的地位，这不太合适。我只是想说，《古代思想文化的世界》这本书，包括《古代宗教与伦理》，许多学界前辈也还是很肯定的。

以上并未介绍书里面的具体内容，我只是用比较轻松的方式，跟大家分享我这本书出版的前前后后，以表达对本书给予支持的前辈学者们的感谢。

国学之思

——关于《国学散论》

2019年9月27日晚，第14期"邺架轩读书沙龙"在清华大学邺架轩阅读体验书店举办。清华大学国学研究院院长陈来教授与北京大学哲学系干春松教授围绕《国学散论》，讨论了国学的当代价值与当代国学的复兴。

主持人：王巍教授

主持人：尊敬的陈来先生、干春松教授、王有强馆长，各位来宾、老师、同学，大家晚上好！我是清华大学国家大学生文化素质教育基地常务副主任王巍。非常欢迎大家出席今天晚上邺架轩读书沙龙第14期活动，我们很荣幸邀请到陈来先生与干春松教授对谈《国学散论》这本书。

陈来先生是清华大学国学研究院院长、学术委员会副主任、文科资深教授，他也是国务院学位委员会委员、教育部社会科学委员会委员、中国哲学史学会会长。他笔耕不辍，著作等身，是我们后辈学者学习的榜样。我20年前就很有幸跟陈先生认识。当时陈先生正好访问香港中文大学的哲学系，我作为博士生旁听了陈先生的课程。当时王有强馆长刚好是香港中文大学经济学系的教授，他们经常在香港中文大学校园里面相聚，我作为一名博士生经常跟在他们后面。我一直记得这件事情，后来陈先生主动告诉我们，今年刚好是他跟王馆长相聚的20周年。我一直对陈先生非常敬重，我在这里透露一个小秘密，我女儿的名字就是以陈先生的书《有无之境——王阳明哲学的精神》命名的，大家可以看出我对陈先生的景仰之情。

干春松教授是北京大学哲学系的博导、儒学研究院副院长，也是中华孔子学会常务副会长、博古睿研究院学者，他的著作主要包括《制度儒学》《制度化儒学及其解体》《儒学小史》等。本次沙龙是由清华大学国家大学生文化素质教育基地、清华大学图书馆、邺架轩阅读体验书店、学堂在线、清华大学出版社联合主办，非常感谢清华大学出版社以及清华大学校内各兄弟单位的支持，我们也邀请了清华大学出版社党委副书记石磊总编助理向清华大学图书馆赠书，接受赠书的是王有强馆长，这也是我们历次读书沙龙规格最高的一次。

活动现场谈《国学散论》。

陈来：首先感谢大家晚上来这里参加这个活动。刚才主持人也讲到今天这个活动特别有意思，能与几位老熟人坐在一起参与这个活动，有王有强馆长、王巍主任，我是很高兴的。我们20年前就在香港相遇。当时我到香港去教书，两眼一抹黑，我一到系里就是王巍他们几个帮我弄电脑，每天吃饭又是和王馆长在一起，这一段经历还是非常值得回忆的。干春松教授是我的老朋友，今天跟几个老朋友一起做这个活动，很有意义。

这本书我简单介绍一下。我的学术著作确实不少，但这本书跟我历来的学术专著有所不同，它不是一部学术专著，而是采用随笔的写作形式。因为学术专著是正式的学术论文，每一章节的篇幅比较多，要有很多的注释，符合学术规范的框架。这本书的内容基本是短论文，有些是随笔性的，但是它的性质实际是关于中国思想文化的一些总体研究和心得。所以它不是某一个方面的学术专著，它是我最近10至20年从整体上对中华文化、国学、儒学以及关于中国文化的很多部分，在不同场合做的一些宏观论述。这些

《国学散论——陈来随笔录》，清华大学出版社，2019年3月。

论述在这里虽然把它叫作"陈来随笔录"，但其实大部分的内容不是随便写的，而是经过深入思考的。即使有的会议发言也是经过修改的，都是经过正式的思考最后成文的，它所具有的思想含量根本不少于我那些学术专著。因为我的学术专著有些是专门写古代思想的。随便举一个例子，我写王船山的专著《诠释与重建——王船山的哲学精神》，专门讲王船山的理念，这跟大家今天的文化关怀、思想关怀没有很多联系，虽然学术价值很高，但是在思想文化意义上其实跟读者建立起关联并不容易。反而这本书里面所谈的问题都是今天生活中、文化中经常碰到的问题，这本书是把这些问题拿出来做思

想文化的思考、哲学的分析。我以前也出版过讲谈录、思想录、访谈录，这本书相当于我当时规划中的随笔录部分。我再重复一遍：这里所谓的随笔确实不是随随便便写的，而是在学术型专著之外的一种思想文化论述型的专书。近年我已经出了几本，如去年我也在邺架轩讲过一次，中华书局出版的《守望传统的价值》属于访谈录，还有前几年我在三联书店出版的《中华文明的核心价值》。《守望传统的价值》本是我在清华大学论坛做的讲座题目，完全是比照着格非老师的题目，格非老师那本书叫《寻找时间的河流》，我的讲座题目叫《守望传统的价值》。中华书局那本书就用了这个题目。三联书店那本是以我的几篇关于国学的论文为主。这几本书从"同"的角度来讲，都是学术专著以外的思想文化论述的专著。中华书局那本书跟这本书有点像，但我印象里最重要的内容应该都在《国学散论》这本书里面。当时中华书局出的书的内容是除了这本书出版的内容之外，我还能找到的内容。中华书局当时编的时候说一本编不下，去年出一本，也许今年下半年再出一本。但是前提是清华大学出版社出的这本书内容以外的文章。所以，可以说，在我的思想文化论述的书里面，《国学散论》应该说是我最重视的一本。从名气上来讲，三联书店《中华文明的核心价值》这本书名气大，国家和宣传部还做了推广，但我自己觉得还是优先向大家推荐清华大学出版社的这本书。这本书装订很漂亮、很明亮，富有文化感，形式和内容都不错。内容是我的，形式是出版社定的。这次文素基地和图书馆做这本书的宣传，我很高兴。因为这本书里面包含很多对传统文化的思考，我自己很珍视，而这些思考在学术专著里面一般很少能反映。这是我首先就这本书的概况，与大家做的交流。

干春松：特别荣幸，陈老师这本大著作出版，我有机会参与笔谈活动。因为专业的关系，我跟陈老师交往特别多，这本书中有几篇文章是他讲演的记录，我都在场。跟陈老师刚才说的一样，这本书叫随笔，但不是随便写的。

在座的很多人都很了解陈老师，陈老师大多数的作品在专业领域都有极其崇高的地位，除了三联书店出版的通论性学术著作，仅此两本就有很大的价值与意义。因为陈老师文章里的早期古代宗教与伦理、中国古代思想文化的世界到现代新儒学是贯通的，这些著作能提炼出对中华文化的一些整体看法。这些整体的看法不太可能在专著里面体现，需要有一些其他的角度，通过做主题报告，通过演讲的方式形成对中华文化整体的认识。从这本书前面几篇文章就能看到，陈老师是对整个中华文化认识进行了一些概括，所以这不是随笔，其实是通过对几千年中华文明的研究而总结出来的一些精华。这是第一点感受。

下面谈第二点感受。陈老师比较早地参与了中国文化和世界各国的交往，他在香港科技大学、香港中文大学都教过书，在其他世界各地也都访过学、教过学。2006年在哈佛大学近一年，我有跟着陈老师读《中庸》的经历。因为陈老师较早地走出去，所以他会在文明的交融和冲突背景下进行思考。因为他在学术界的地位，有时候他的发言从某个角度是代表中国学界的态度和立场的，所以，陈老师对每一个结论都特别慎重，这从某种角度来说是他的一个身份要求。他有很多社会身份，这种要求就意味着大家也会特别重视陈老师的看法。你如果有一个中西比较的视野，可以有助于你理解陈老师的一些表述。他有些表述有一个潜在的比较对象，就是西方文明是什么。在这样的中西交融文明背景下，有的时候中国总结出来的一些特点，可能跟陈老师的老师张岱年先生不一样，因为随着时代的发展有一些新特点出来，陈老师就是这样一个很重要的概括者。这本书里有很多观点特别重要，为了参加这个活动我做了一个小小的概括。以往我们读的更多的是陈老师那些专业的著作，而我读了这本书以后，觉得结构非常有意思。第一部分是儒学篇，国学的内容和概念更多一些，你可以去看三联书店出的陈老师的书；第二部分是国学；第三部分讲一些个人的思考。这本书是这样的一个结构。因为我们一般认为无论用什么结构来分，儒学都是国学里面很重要的一部分。还有，将儒学放在前面很重要的原因，是近代以来国学其他的内容没有那么多争议。比如说道家、佛教所受到的冲击没有那么大，而儒学受的冲击最大。所有的问题，像中国文化行不行，如何走出去，它还能不能活着，有的人认为它死了，有的人认为它活着，这些问题的焦点在儒学身上。这个编排特别有意思，先把儒学放在国学前面，讨论儒学的问题。我们谈论"儒学热"和这两年的思想动态时，都跟儒学有特别大的关系。

如果从第一部分的角度来看，陈老师的这本书很精确地体现出四个特点：

第一，他是儒家历史特别是近代儒家历史的梳理者。大家一定要关注前面几篇小文章，尤其是关于大成至圣先师奉祀官孔垂长访问北京大学的时候，陈老师所做的对儒学几十年的历史概括。第二，他是儒家精神的提炼者。这本书的第一篇和第二篇就是他在印度尼西亚的讲话，它们就提炼出儒家精神的一些重要特征。包括有较大影响、也有一些争议的，关于责任、义务、和谐的一些讨论。第三，他是当下儒学领域的倡导者。我还参与了陈老师一个很重要的课题《中华优秀传统文化创造性转化与创新性发展》。这个题目听上去可能没有什么，如果我们一直在儒学研究领域的话，就会深刻体会到儒学在现代社会面临的一个巨大任务，就是理论创新。对此陈老师有一篇文章《新儒家以后儒学何为》。原来理论创新的任务有一段时间在冯友兰先生那一代，以后在港台地区的牟宗三、徐复观、唐君毅那里。现在我们都知道台湾地区如今的情况，儒学精神的提炼者怎么样创新转化？这个问题的回答要放到中国。陈老师这本书里面涉及很多议题，包括儒家与经济活动，讨论得都比较少，大家都会宽泛地讲儒学与现代化。儒学与现代化里面有很多具体的例子，比如社会组织、社会结构的变迁所带来的儒家精神创造性转化的需求。陈老师随笔里面还有对器官移植的讨论，这个讨论特别有意思。因为儒家特别强调身体，身体受之于父母，在这样的文化氛围里该怎么样讨论器官捐献、器官移植这样的问题。桑德尔（Michael J. Sandel）关于正义的讨论也有关于器官移植的讨论。这些问题都特别前沿，又是儒学必须面对的。第四，他是儒家未来的展望者。陈老师从某种程度上来讲，是中国哲学界和中国儒学思想界很重要的代言者。他对未来儒学的很多思考，很大程度上代表了现在我们对儒学未来基本的看法。陈老师在学界备受尊敬，这些年因为有国务院参事、中央文史馆馆员等身份，他有时候要做学术界声音和主流声音之间的连接者。儒学的话题不是那么容易谈论，既要准确、恰当，又要认识到儒学在中国社会中的重大作用，要说得比较合理，让大家能接受，这些都特别难。我相信大家如果仔细看了这本书，就会发现有一些特别准确的说法。像刚才我说到的关于责任和权利，关于义务和自由，关于社会和个人，关于和谐与冲突。这些话不是随便说的，都是陈老师深思熟虑以后的作品。如果在座同学读过陈老师那些专精的学术著作，再来看这样的书，突然就会发现有些问题，如果跳出王船山、王阳明、先秦的荀子、孟子等，会发现有些事情可以概括。这其实特别困难，因为儒学史时间太长，有些问题东说一句西说一句，难以有整体性和高度的把握。我觉得陈老师这个作品做到了！我主要是帮陈老师垫个场，这些都是我自己阅读后的体会。我们让陈老师再说一段，一会儿我再帮大家提点问题。

陈来：关于思想文化的论述是我在做学术之外一直从事的一项工作。这本书讲的是 21 世纪以来，主要是最近十年来我思考的问题。我以前思考什么呢？我从 20 世纪 80 年代到 90 年代在主要从事学术著作之外，关于思想文化讨论，主要关心"传统与现代"的问题，也写了很多东西，但是以长篇论文居多，短篇居少。那些内容已经编过一个文集叫《传统与现代》，副标题是"人文主义的世界"。"人文主义的世界"是我 1997 年出书用的一个标题，后来在北京大学出版社、人民出版社再出新版的时候又换成了《传统与现代》。前期关注在这个方面，我 1999 年就写了一篇文章《世纪之交话传统》。那是 1999 年 12 月《人民日报》请我写的一篇文章，对我来讲是一个总结。过去十几年所讨论的"传统与现代"到这儿应该翻开新的一页，我提出"传统与现代"的问题已经过去了。过去是好事，不要总纠结于传统与现代的问题，新世纪我们一定会迎来与传统和现代不同的新观点。进入 21 世纪以后，特别是最近十年来，我关注的问题不是很具体，整体来讲集中在中华文化的伟大复兴。新世纪主要讨论和文化复兴关联的各种问题，这些问题——刚才干教授也讲了——有很多是在国际会议场合提出来或者讨论过的。比如说第一篇《孔子思想的道德力量》，这是在印度尼西亚大学发表的一个主题讲演稿，回答孔子思想在今天的意义及对中国的意义。印度尼西亚方面事先发来问题，他们希望我能回答，他们认为中国现在走的是一条富国强兵的道路，如果按照这条道路走，中国将来的发展方向就应该跟 19 世纪末、20 世纪上半叶西方国家走的路差不多，他们认为这是不可取的。我的文章就是回应他们的这些问题。

有时候如果我们表达得不确切的话，确实容易引起世界上的各种误解，以为中国当代的发展目标只是单一的富国强兵，这是世界并不愿意看到的。现在有些说法很容易使外部世界以为我们中国就是要富国强兵，而没有展示出实际所追求的价值内涵。我的《孔子思想的道德力量》，主要讲孔子道德思想对中国的深刻影响，它在当代仍然发挥着指导性的作用，所以中国的发展不会像大家所理解的只是富强。孔子所倡导的儒家思想传统传承下来、沉淀在中国文化里的那份价值和关怀，必定会影响中国当代的发展，而中国当代的发展一定会把中华文化的那些价值要求继续作为自己今天的价值目标。我们也不是故意要这样讲中国文化，只是我们表达不确切的时候会引出一些误解。我们没有充分展现所谓"中国梦"的价值内涵，只有"发展"的内涵。发展的内涵是应该展示，但是"中国梦"所包含的基于五千年中华文明特别是儒家文明的价值方向却没有展示出来。有一年在国家博物馆开座谈会，我就把这个意思讲了，《人民日报》也登了我的发言，讲"中国梦"不能只讲富强的一面，要把"中国梦"所包含的各种价值方向都展示出来。这是我表达的当时的想法。

第二篇《儒家文明的价值意义》是我在韩国开会的主旨发言，讲了中国轴心时代和轴心时代以后的价值观特点。其中对传统中国文化的价值观做了提炼，当然，提炼也是经过了反复的思考。第三篇我讲儒学复兴的运势，孔德成先生的孙子第一次回国到北京大学来座谈，当时干教授也在场。我就讲了儒学复兴的运势和条件，不仅讲儒学复兴的问题，还要看它有没有运势，给它提供什么样的条件，在什么样的背景下展开。有时候我们讲儒学复兴容易偏重理理，这个是好的，应该复兴，但同时因为孔德成的孙子对我们这几十年的情况不是很了解，对儒学复兴的情况也不是很了解，我就大致讲了一下儒学复兴近几十年来运势的起伏变化和方向，把各个方面做了介绍。

刚才干教授提到《儒家的身体意识与当代器官捐献伦理》这篇，这是法国人出的题目。当时巴黎利玛窦学社的人到北京来讲学，因为在他们的网站上已经翻译过我的几篇文章，就希望我参与讨论现在法国学者比较关心的问题。我问你们关心什么问题要我参与？他就出了这样一个题目，关于器官捐献的伦理，古代儒家怎么看，今天怎么看？所以我就写了这篇文章《儒家的身体意识与当代器官捐献伦理》。他先把文章翻译成法文，中文稿是后来出版的。文章很快就翻译成法文，在一个网站上发表，中文稿我把它发表在《文史知识》上。有四五年的时间我在《文史知识》上写过很多文章，有时连载，如关于孟子的部分。这本书里面有很多关于国学内容体系分类的文章，都是在《文史知识》上发表的。出版社编辑跟作者的沟通很重要，一般学术思想讨论的文章，包括传统文化研究的一些短篇，我以前都给了《文史知识》。

还有《"和"的观念跟儒家思想》这篇，这些都跟国外思想讨论有一定的关系。日本的一位韩裔学者，他本来是韩国人，后来住在日本。他们重点讲"和"的哲学。"和"的哲学也对，不是不对。如果我们跟西方人讨论，自然会讲"和"的观念或者"和"的哲学。但是和日本学者讨论的时候发生了一些变化，就不想表面讲"和"的问题。因为日本学者来大谈"和"的重要性，这方面跟中国哲学有一定的关系。但是中国和日本在20世纪经历了一种特别的关系，就是"战争"，日本强加给中国的侵略战争和中国人民反侵略的抗日战争。因此，碰到这种场合我就会从另外的角度讲，我说"和"不是最重要的，"仁"才是最重要的。"仁"就是人道主义，我们讲和平，不是和和气气大家都好就是和平，因为"仁"是有确定的道德内涵的。在这样的场合我就讲"和"的关系，如果没有"仁"作为基础，可能就会模糊其中的道德关系和普遍认同。就是不谈正义问题，不谈道德问题，只是一个一般的"和"，这不是儒家的概念。20世纪90年代，我就讲到以"仁"为体，以"和"为用，"和"是用的层面，不能把"和"当成一个普通东西。我们跟西方学者谈的时候主要讲"和"，跟日本学者我就侧重讲"仁"。这就属于刚才我讲的，书中一些文章起于国际讨论、国际交流场合所产生的一些交流。

最后，刚才春松教授也讲了，也有一些内容，是结合主流文化的一些考察，结合学术史的研究来表达的。比如说十八大以来，中央对中华文化有一个口号，就是要"实现中华优秀文化的创造性转化和创新性发展"。有关部门就压给我一个题目，像书里面讲的《"创造性转化"观念的由来和发展》。"创造性转化"这个观念看起来是中央文件提出来的，但是这个观念不是凭空写入中央文件、人为编造出来的，这个概念是在国外学术界讨论过并且已经积累了一段时间之后，有关部门才吸收这个概念，使之成为我们的一个文化政策。我们的文章指出海外华裔、非华裔的中国思想史研究专家对这个概念的使用与讨论，再结合中国自身的中国思想史的专家对这个概念的理解使用，最后指出今天我们的表达，跟以往海内外学者讲的这个概念有哪些不同，并加以分析。我们做这个项目、讲这个题目，不是说把一个政府的口号拿过来跟着说，而是要把这个概念产生的思想史脉络用学术的方式呈现出来。首先，我们是赞同"中华优秀文化创造性转化"的，然后我们指出这个概念的产生、发展、使用。书里面还有一些比较严肃的话题，像"民族文化与马克思主义中国化"，这是我在北京大学马克思主义学院中西马论坛做的讲演，内容涉及中国文化与民族主义、中国文化与自由主义、中国文化与社会主义等一些问题，包含了当代思想的内涵。当时论坛有三个演讲者，我是代表中国文化的。我的意思是，中西马对话要对得上，比如说20世纪80年代到90年代对话的一个焦点就是马克斯·韦伯（Max Weber），因为战后西方包括美国推崇的代表性人物就是韦伯，他们认为韦伯的观念可以抗衡马克思。因为马克思讲的是物质决定意识，韦伯讲的是新教伦理意识能够决定经济发展。因为韦伯讨论的是现代化问题，特别是帕森斯（Talcott Parsons）对韦伯的诠释，成了美国现代化的一个基本理论。韦伯又处理了儒教问题，在《新教伦理与资本主义》之后专门写了《中国的宗教：儒家与道教》。我国20世纪80年代主要面临的是现代化和传统文化的关系问题，西哲和马哲都应该关注韦伯理论和它在当代科学的应用，以及中国现代化的问题。但那时候马哲的专家和西哲的专家都没有关注，所以就没有对上话。而我从20世纪80年代就关注这个问题，一直到20世纪90年代前期我写的文章里面充满了跟韦伯的对话。有一篇发表在德文杂志上，用的例子是从蒙学的角度了解中国文化与社会经济发展的关系。蒙学就是小孩子的教育。讲明清时代的蒙学，完全是针对韦伯的理论研究。包括我更早讲中国现代化的文章，都是应用了韦伯的理论，回应了韦伯的理论。今天怎么对话呢？这次论坛对话，我用的例子是以赛亚·柏林（Isaiah Berlin），他被认为是一个自由主义的思想家，他对马克思主义研究很多，跟马哲很有关系。以赛亚·柏林始终强调民族主义和民族意识的重要性，跟我的立场直接相关，所以我认为以赛亚·柏林是很重要的对话焦点。而我们学界包括马哲和西哲对这个问题还是没有重视，我讲这个问题有很深的现实意义。

干春松：我觉得陈老师介绍了他有些文章的写作背景，我们只要了解这个背景就能知道这篇文章的所指。刚才陈老师说了他很多文章是在国际场合发表的，在很大程度上是因为一些人的表述，的确造成了国际社会对中国的误解。如何向国际学术界展示中华文化的价值和精神意义，在今天是特别困难的一件事，因为还要考虑到对方的思考。刚才他举了一个例子，印度尼西亚说中国要走富国强兵的道路，觉得中国要开展新一轮的殖民主义运动。我听一位教授讲过韩国学者对中国的认知，我很震动。他说中国人老讲"和"，但是我们听着还是不太得劲，说韩国跟中国这样两个相邻的国家在东亚的存在，在他们看来中国像是一辆大卡车在公路上开，韩国像是一辆小汽车在公路上开。大卡车的司机探头跟小汽车说：你踏踏实实开，我不会撞你的。小汽车里面的人听了这句话是放心还是不放心？说中国人怎么讲"和"？因为你毕竟跟他是完全不对等的一个存在，国家的面积、经济实力差别太大。尽管你表达善意，你只要有一个事件出来，他马上就会认为跟你说的不一样。所以，你有时候已经准确地表达了，还要看对方对你的认知。中国人说我们"和平崛起"讲了那么久，你怎么就不信呢？就像一个清华大学的学生跟学习不好的人讲，我告诉你这样学习就行了，你怎么就不行呢？这没用，对他来讲是一个刺激，是一个不接轨的刺激。如何准确地表达中国传统思想里面那些有价值的东西，有时候其实是一件挺困难的事情。因为外交场合有一些表述，有它的情境性，比如说政治上的要求等。但是学者一定要担负起传达正确信息的责任，给他们一个比较踏实稳定的信息。陈老师刚才讲"中国梦"的价值含量到底在哪里，一定要有特别清晰的表述，不能说我们几年增长多少。有些人说我们的军舰像下饺子似的，我们说我们的军舰是防御的，但是周边国家能信吗？所以你的表述要有一个度，要让别人觉得是一个稳定的表述，然后价值关系清晰。我们传统的儒学其实价值关系清晰，刚才陈老师讲了以"仁"为体，以"和"为用，古代也是这样，对于那些不合适的行为也是要采取措施的，不是说和和气气，而是要有原则。所以，和平不是靠一味地妥协跟谦让，必须要有一个核心价值在里面。这是从国际上来说的。

其实，国内情况也是这样。我为什么特别强调陈老师的有些描述呢？在座各位既然来听《国学散论》，可能都对国学和儒学感兴趣。我们从事儒学研究，我们很清楚，在中国即使发展到今天，儒学的研究仍任重而道远。刚才陈老师说21世纪以后面对的问题是儒学复兴的问题，不再是传统与现代的关系，因为那个问题已经过去了，大家不用再担心儒学是现代化的阻碍力量。事实上你看网络上的一些说法，对儒学的偏见其实还是很大，这个偏见不是一天两天能改过来的。西方马克思主义强调物质对意识的决定作用；韦伯强调资本主义精神气质。同样是欧洲国家，为什么有些国家先发展资本主义，有些国家晚发展？他觉得背后有一个新教革命在那里。但是新教伦理的问题延伸到东亚的问题，就会变成儒家的伦理对亚洲四小龙经济的发展有没有正面作用，这也是20世纪80年代国际儒学界讨论的一个重点。我觉得陈老师是深度介入了那场讨论，现在问题依然存在。儒家文化圈对一些国家的经济发展有正面作用，那对现在的中国有没有正面作用？这其实是一个特别复杂的问题。我在清华大学经管学院也讲过一次课，讲家族企业。大多数的经济学家一听家族企业，就觉得是一种落后的产能和落后的管理方式，很多人都这样认为。且不说家族企业是中国现阶段挺合理的一种制度，其背后也有企业家强调的儒家伦理对他们企业的凝聚力和秩序管理的积极作用。大多数的经济学家不太认可这个，觉得要引入现代企业管理制度。中国企业的寿命短，好像都是家族企业的罪过。陈老师刚才所说的韦伯问题，那些议题到现在也没有完全梳理清楚。刚才陈老师说他始终把学术研究和思想文化方面的讨论结合起来。如果没有学术研究做功底来讨论思想文化，是没有意义的。很多人对儒学的观感不好，陈老师的一位师兄说过，你们讨论儒学的门槛太低，谁都可以讨论。但是如果没有一个深入的研究就容易乱说。现在乱说的人很多，"大师"特别多。这就需要学界研究做思想文化的基础。也有一些学者可能偏重于学术研究，不能从学术研究里提炼出一些跟思想文化有关的学说，这些研究可能跟社会的互动就会差一些。陈老师在这方面的结合是比较好的。刚才他也说了《传统与现代》、散论类等其他几本包括华东师范大学出版的书。华东师范大学出版的是他著作里的话的摘引。虽然他的思想文化作品相比于学术作品不多，但每一篇都短小精悍，我特别喜欢读。虽然我的观念不都跟陈老师一样，但是我在考虑思想文化问题的时候，我一定会先看陈老师是怎么说的，看我还能不能补充一点。陈老师的表述特别审慎和严谨，不管他的观点是不是被别人认可或者怎样，起码都是仔细审慎思考过的。刚才他说的中西马论坛，我也参加了一次。我觉得陈老师有一个想法，做中国哲学的人可能是哲学界里最谦虚的人。为什么？你看陈老师会读韦伯，我们会读更多的西方哲学家的作品；但是反之不必然。研究西方哲学的人这两年情况有点变化，以前那些搞西哲的人根本不读中国哲学。因为中国国学界这么一群谦虚的人，他提炼出了问题，可能就有积极地跟别人对话的想法，这是近代以来的特点。中国哲学界的老师像冯友兰先生、张岱年先生都很了解西方哲学。王国维先生也讲过，参透中国哲学的是通过西方哲学。我们都认为西方哲学是研究中国哲学必要的组成部分。通过陈老师刚才说的就能看到：中国儒学研究、国学研究不是一个封闭的系统，而是一个积极跟学术界沟通、积极回应中国当下问题的系统。另外，中国国学界研究者是谦虚而勤奋的，因为他们所需要掌握的东西更多，别人对他们的要求可能高一些。我们看陈老师的作品，从他谈论美国和以塞亚·柏林等，都能感受到。

有一件事情我印象挺深。那个时候联合国教科文组织讨论全球伦理，大家都知道有一个底线的说法——儒家思想的道德问题。有些是陈老师所强调的儒家价值，也跟那个讨论有关系。那个讨论，陈老师也是有一篇很重要的文章。从1980年到2000年，表达观点的重要场合，陈老师没有缺席过。一方面别人重视他，另外一方面他自己有这个责任心。他对中国五千年的文化传统有很深厚的感情，他觉得有责任把这些理论以最准确或者是明快的方式表述出来，让更多的人了解。这是一件很难做到的事，因此我经常读陈老师的作品，想学点皮毛。这些小文章里面有大内容！我们俩一直讲上篇和中篇，其实下篇也特别有意思。陈老师是一个感情特别丰富的人。翻陈老师的书，会发现一个特点，扉页上都会献给某一个他的老师或者是最敬重的人，或者对他的学术影响挺深的人。这是陈老师内心丰富感情的一种表现。我自己也经常写跟老师的交往，其实挺难写的，不好把握尺度。我觉得陈老师写的很能体现出对老师的尊重，随笔水平是相当高的。

陈来：刚才我在找一篇文章，还是很重要的文章，怎么没有编入这本书？反而中华书局出版的那本书里有。中华书局出版的那本书也有两篇重要文章。一篇是2011年前后《光明日报》发表的，我当时定的题目是《国学热与中华文化的伟大复兴》。我把稿子寄给报纸编辑，一个多星期以后编辑才回话。后来国学版的负责同志告诉我：你这篇文章来的前两天，主编找我谈话。这个主编是新来的，说国学是什么？国学版有没有必要？国学怎么评价？上面也没有文件，怎样掌握？这就给国学版的同志造成一定的压力，那我们这个国学版还干不干？主编和他谈话后第二天他收到我的文章，就马上拿给主任，说："文章来了！"我讲的是当代国学的缘起、意义、价值。《光明日报》立刻把这篇文章发给中宣部，让中宣部审看，结果顺利通过，就拿回来发表了。

我想说的意思是，我的一些这类文章，跟这个时代的国学热兴起和我们怎么样认识和理解国学热有关系。我谈了一点我的看法，对宣传部门接受和理解国学热，发挥了一些作用。当然不同意见总是会有的。另一篇是我作为中国国学研究者谈对国学内容体系与分类的看法。到底什么是国学？国学的概念在历史上是怎么出现的？经过什么样的变化？在近代还有什么域外的因素？在晚清和民国早期，这个概念是怎么使用的？在二十世纪三四十年代是怎么使用的？我们今天该怎么应用它？这也有一些现实背景。当时国家计划兴建一个中国国学馆，实体叫"中国国学中心"。这反映了20世纪末到21世纪初，大家对国学的认识和热情。我这些文章都有对国学的正名，或者对它未来内容的展陈提供一些原则性意见的功能。关于什么是国学的概念，国学的分类到底怎么样？其中也有一些文章曾直接送到国务院领导同志手上，使政府领导也能够了解国学的概念在学术界是怎么认识的，有什么意义。因为政府领导也需要听各方面的意见，也需要了解学界主流的认识怎么样。我写过的这些文章，都是针对21世纪以来国学热的大趋势。1993年小国学热出现的时候，我写了一篇回应当时来自各方议论的文章，那个时候我们也是顶着很大压力，因为有些社科界领导同志的批评很尖锐，把赞成国学的同志当成批判对象，我是首当其冲的一个。但是我们从来没有退缩过。对中华文化的自信，对我们来讲始终如一。以上主要讲的是上篇和中篇的内容。

最后是散论，里面也有一些文章值得注意。20世纪之交那篇是讨论20世纪的问题，刚才已经提到。关于《非典引起的哲学文化反思》，非典在全国影响那么大，怎么对它进行哲学文化反思？我曾在非典刚结束时跟作家梁晓声先生一起讨论，我用的是哲学语言，担心有点费解。但晓声说你讲的一点不费解，这就是大白话。他也很认同需要对这个问题进行反思。再有，和中国文化有关的事件是在国家博物馆前立孔子像，对此，我和很多同志的主张是相同的。当时还专门在中央民族大学开了一个会，表达我们的意见。我认为在国家博物馆立孔子像其实是马克思中国化进程的一个重要步骤，可惜100天之后又收了回去。但是我们坚信马克思主义的中国化不会停止，因而把它归在马克思主义中国化问题上加以肯定。

最后，讲下关于教育的问题。《人文学科与高等教育的危机》这篇文章也不是随便写的，是当时哈佛大学来了六位教授，找我们北京和上海的学者讨论人文学科是不是遇到了危机，如果遇到了危机，是什么性质的危机？我经过深思熟虑，对比了欧美国家和我们的情况，并用了一些现代哲学的观念分析，文章后半部分的讨论肯定了人文学科的意义。

干春松：从某种意义上来讲，到底怎么理解人文学科的作用和在全世界面临的问题，这是一个大问题。客观来讲人文学科也需要经费，但人文学科更加需要的是自由思考的空间和人文学科学者对于社会、政治和对人类所关注的那些问题的高度关切和精深研究，这非常重要。相比于我们所投入的东西来讲，人文学科是否产生了代表传统价值和精神的作品和学者？我们的投入也不算少，人文学科对于国家和人们生活以及世界文明产生的影响，反而不是那么明显，这个要反思。要反思的问题不是它如何生存下去，而是如何依靠自己学术的发展发挥它对中国教育的作用。刚才说到国际上对国学的认识，其实应该有很多更为准确、更为清晰的表述。在国内也同样面临这样的问题。比方说，我自己比较倾向研究陈老师的重要著作《仁学本体论》，它其实是强调儒家仁爱有"亲亲"的一面，也有更为普遍的一面。儒学的一种普遍性倾向是建立"人类命运共同体"，这种很重要的价值基础。中国强调爱国主义的面向，比如说中华民族的面向，某种意义上来讲会让你觉得有民族主义的问题。如何让爱国的情怀和对人类命运的关切有统一认识，我认为这是儒家思想所面临的一个重要问题。这个方面讲得不是很清楚，大家就会觉得那只是说说而已，事实上可能不这么想。这是我想补充的国际上对中国的认识，除了外宣机构努力之外，还需要学者做更为踏实的工作。

对于国学的问题，陈老师在三联书店出版的那部作品特别重要。国学在国内也有很多非议，因为民间的"国学大师"都是"郎中"这类。国学概念很早就有，最早是图书馆的概念，唐代的国学是藏书楼。我认为近代以来的国学概念有更为深刻的含义，就是要为中华民族的精神面貌提供一种说法，强调国家认同。清华大学有一个国学研究院，北京大学也有一个国学研究院，中国人民大学也有一个国学院。国学如果跟人文学科相关的话，大家会想国学跟文史哲关系是什么？也有很多人提出这个问题。陈老师的书里面有一篇文章很精彩，但是有点专业。他讨论了从六艺开始到现在的七科以及学科分类，如果站在现在学科分类的角度看，怎么看待经、史、子、集问题。这相当于陈老师所讲的专业学术研究和思想文化的概括。国学很大程度上是一种反思性的存在，我们怎么看待当所有传统学问被归入现代学科这个格子里——像中药柜子里的时候，它会丢失一些什么东西？这是一个值得大家关注的问题。大家一定要认真看陈老师的书，里面有很多特别详细的分析。学科的变迁是必然的，但也有不必然，很多问题还需要去解决。儒家的经典放在哪个学科?《诗经》放在文学里面，《周易》放在哲学里面，《春秋》放在历史里面，大家各自不碰头，这样的现象会对我们理解儒学和国学产生很多障碍。陈老师的文章篇幅的确不是很大，但是它所涉及的问题却是方方面面的。除了刚才所说的儒学跟中国的政治、经济、文化的问题，还有儒学跟现代学科，或者现代学科的引入给中国思想学术研究带来的问题。这些问题在学术界讨论很多，陈老师在关注这些讨论以外还有自己的想法，这些想法真的很有启发性。在座的各位如果对国学感兴趣的话，也不妨去了解一下那些"大师"的"法术"，但是一定要了解国学所论证的复杂问题、学科反思和国家认同这些大问题。谢谢各位！

中篇

与学界师友合影

1985年，与吾妻重二在日本筑波大学。

1985年秋，与土田
健次郎在北京家中。

1985年冬，与成中英在北京。

1986年冬，与美国哈佛大学世界宗教中心主任卡门教授夫妇在一起。

1987年，与美国哈佛大学的史华慈在其办公室。

1987年，在美国哥伦比亚大学，右一狄百瑞，右三华霭仁。

1987年，与包弼德在波士顿美国亚洲研究学会（AAS）上。

1989年，与汤一介在美国夏威夷东西方哲学家会议上。

1989年，与麦金太尔在美国夏威夷东西方哲学家会议上。

1990年，与中国台湾法鼓山创办人圣严法师在北京大都饭店。

1991年，与金谷治在日本东京。

1993年，在北京大学，右一吴树青校长，右二梁柱副校长。

1994年，与韩国成均馆大学李东俊在一起。

　　1995年，在东京与日本学者在一起，前排左起：沟口雄三、陈来、吉川忠夫、户川芳郎。

　　1995年，参加国际中国哲学大会，右二杜维明，左一庞朴。

1996年，与池田知久在横滨。

1996年，与余英时在中国台湾"中研院"。

1996年，与沟口雄三在日本富士山。

1999年，与庞朴在北京八达岭长城。

1999年，与早稻田大学楠山春树、土田健次郎在东京。

2000年，与费孝通在香港中文大学。

2004年，与刘述先、韦政通在王阳明墓前。

2004年，与叶朗（中间）、汤一介（右二）、郭齐勇（右一）在北京论坛。

2005年，与杜维明在夏威夷。

2005年，与台湾佛光山创建人星云法师在北京钓鱼台。

2005年5月，陈来夫妇与日本驻华大使阿难惟茂。

2008年，陈来夫妇与圣严法师在台湾法鼓山。

自2008年陈来连续担任中国哲学史学会第七、八、九届会长，这是2009年学会领导层会议时在北京大学六院合影。

2009年11月1日，清华大学国学研究院成立大会合影。

2010年，与杜维明在其北京大学寓所。

2010年，在北京朱子会议上与刘述先在一起。

2012年11月，在首尔与韩国同学在一起。

2013年，参加中国哲学史研究的现状与前瞻学术研讨会时的合影。

2014年，与吾妻重二在清华学堂办公室。

2016年，受聘山东大学讲座教授，山东大学校长张荣为其颁发聘书。

2016年，与楼宇烈在孔府饭店。

2019年，与法国汉学家汪德迈在一起。

2019年，与科威特国家
文化艺术委员会秘书长卡米勒
在一起。

2018年，与中国道教协会会长李光富道长在武夷山。

2020年12月，与张岂之在西安。

著作序、书评选编

陈荣捷:《朱子书信编年考证》序

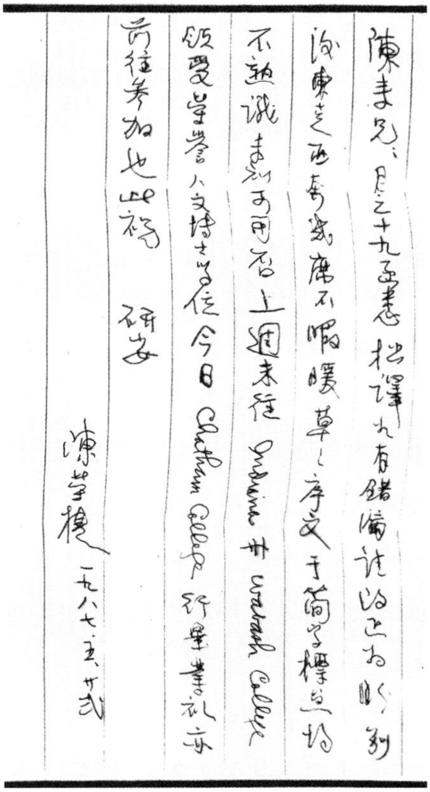

陈丰兄:月之十九函悉,拙译如有错漏,望改正为盼。别后东走西奔,几席不暇暖,草草序文,于简字标点均不成熟,未知可用否?上周末往Indiana Wabash College领受荣誉人文博士学位,今日Chatham College行毕业礼,亦前往参加也。

此祝

　　研安!

　　　　　　　　　陈荣捷

　　　　　　　　　1987.5.22

朱子思想成熟甚早,诚如王懋竑《朱子年谱考异》卷一所云:"自庚寅(1170,朱子41岁)拈出程子

（1）

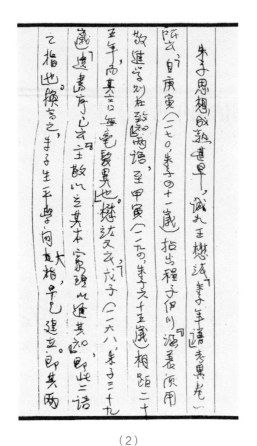

（2）

伊川'涵养须用敬，进学在致知'两语，至甲寅（1194，朱子65岁）相距二十五年，而其言无毫发异也。"懋竑又云："戊子（1168，朱子39岁）《遗书序》已云'主敬以立其本，穷理以进其知'，即此二语之指也。"换言之，朱子生平学问大指，早已建立。即其两轮两翼之哲学，亦即儒家中庸之道之哲学化也。然朱子自谓"某于论孟（指《〈论语〉〈孟子〉集注》）四十余年理会，中间逐字称等，不教偏些子"。至易箦前三日尚改《大学章句》诚意章与修《楚辞注》一段。则其思想固定之中，不断增进，此朱子哲学之所以"大德敦化，小德川流"也。

然朱子诗文书札，不著年月。故其思想转变，无从确定。学者每依《朱子全书》与《宋元学案》，或只靠《朱子语类》。然《全书》与《学案》，均无年次。《语类》则多为晚年对话，虽是定论，然其思想改变之过程，究是晦而不明。王懋竑多引书札，系以年期，然未明所以，间亦错误。钱穆改正数端，亦有限耳。以故朱子著述之年月考证，亦即其思想之如何进展之考订，尚有所待。

予1982年举办国际朱熹会议，集世界朱子学权威于一堂，日本理学大家山井涌博士宣称朱子"理生气也"之语不见《文集》《语类》《集注》等书，如学者知其出处，请以见告云云。予素有考查宋儒引语来

（4）　（3）

源之癖，归而细检《文集》《语类》，与朱子其他著述，皆无所获，大失所望。翌年在北京参加中国社会科学院中国哲学研究所座谈会，承赠《中国哲学研究》（1983年第2期），见有陈来先生所撰《关于程朱理气学说两条资料的考证》，急读终篇，乃知此语载在吕柟之《宋四子抄释》。急以告山井涌教授。吾等皆庆出望外也。陈先生不特考出此语之来源，并详述其所原之《朱子语略》之流布情况。深叹陈先生考据之精审，其治学方法之严谨，实为当代学者所罕见。今其《朱子书信编年考证》业已完成，不只根据行状、本传，与诗文书札之内证，而且比订朱子同调讲友门人等之文集，以至《语类》以及诸家跋语，如是旁证

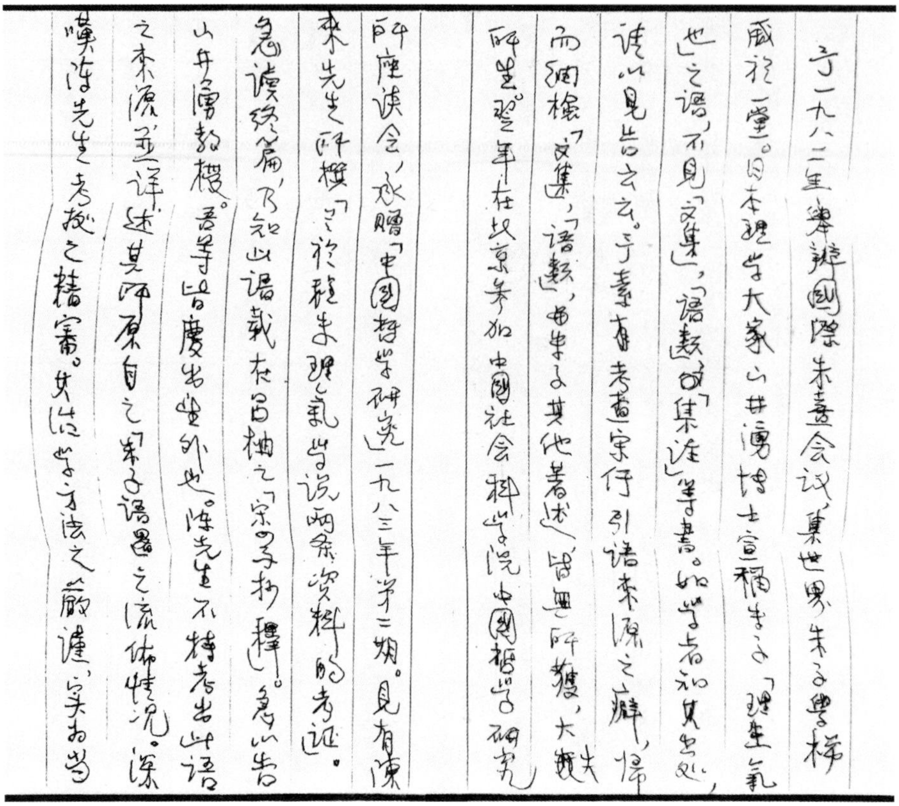

（6）　　　　　　　　　　（5）

直引，内外夹持，治学若是之精详，可谓严密之至。然后系以年期，于是二千余书札之前后次序，井然可观。今后学者得以睹朱子思路开展之痕迹，而其中年未定之见与晚年定论，皆可确立无误。是则此书对于朱子生平与思想之研究，其贡献之大为何如也！去秋陈先生来哈佛大学深造，今春乃得会面，一见恨晚。承示《考证》编例，以序属予，予深信此书将为划时代之作也，油然以喜，归而为之记。

陈荣捷

1987年5月

（7）

代学者所罕见。今其「朱子书信编年考证」既已完成，不以摅拟行状来传，而以诗文书札之内证，实已订朱子不同调、谱友门人等之文集以至语类以及诸家族谱，无是务，旁征直引，内外兼持，治学者是之楷祥，故可谓严密之至。迳将朱子书札之前后次序，井然可观。今后学者得以窥朱子思路开展之痕迹，而其中

（8）

年未定之见串晚年定论，皆可确之无误。是则此书对于朱子生平与思想之研究，其贡献之大可知也。去秋陈先生来哈佛大学演讲，今春乃得会晤。一见恨晚，承示「朱子编倒以序属予，予浮信此书将为划时代之作也。油然以喜，深内物之记。

陈荣捷
一九八七·五月

陈荣捷：《读〈朱熹哲学研究〉》

　　此书是陈来在北京大学哲学系张岱年教授指导之下完成的博士论文，经中国社会科学博士论文文库编辑委员会审查而印行出版。全书分四大部分，即理气论、心性论、格物致知论与朱陆之辩。我认为，如是水平之高的博士论文，中国外国不多见也。

　　此书之优点有三：叙述完备，分析详尽，考据精到。叙述方面，理气论分别讨论理气先后，理气动静，理一分殊，人物理气同异。心性论分别讨论已发未发，性之诸说，心之诸说，心统性情。格物致知论则包含格物与致知，格物与穷理，知行问题。叙述朱陆之辩，第一章为鹅湖之前的朱陆思想，第二章为朱陆之辩的历史发展，第三章为朱陆哲学主要分歧。全书秩序井然，毫无赘语。

　　由此书目录，一望而知作者有所选择，除朱陆之辩的历史发展之外，似乎专意哲学。张岱年序谓："朱氏的历史观、道德论、政治思想，还未及做全面论述。"即使在哲学定义之下，仁、命、天理人欲、道器、鬼神等哲学思想，均未深入讨论，有之亦顺及而已（如131页之命，125—127页之仁，183页之天理人欲）。将朱熹哲学与西方哲学比较，只提柏拉图、笛卡尔、康德与莱布尼茨（263—265页），而不及亚里士多德、斯宾诺莎与圣托马斯。张序谓其"有待于今后的补充"。陈来之能负此任，绝无可疑。

理气先后，陈来以为是朱子理气哲学之核心问题。学者对此问题，异说纷纭。陈来于此特别注意。不只以理气先后居首，而且篇幅特长，近30页，比其他理气问题多达两倍以上。照陈来看法，朱熹的理气先后思想经历了复杂的演变过程。早期之《太极解义》（1170—1173年）以理来规定太极之内涵，此时从本体论立场出发，尚无理先气后之说（6—9页）。南康时期（1179—1181年）仍主理无先后（10页）。甲辰（1184年）与陈亮辩，有"道之常存"之语，此道（即理）之永恒性的思想成为朱子理在气先说形成中的一个环节。《易学启蒙》（1186年）直谓"象数未形而其理已具"，已包含有理先气后的思想（17页）。朱陆太极之辩（1188年）更提供了刺激（12页）。守漳（1190年）乃有理能生气之说（20—21页）。至潭州时期（1194年）产生了新的演变，即谓若从逻辑推论，则理在气先（24—25页），此新论与早年理气无先后之说显然有矛盾（27页）。

陈来此说，足以补冯友兰等学者逻辑推究说之不足；从朱子思想之历史演变分析理气先后问题，以前从未见有如是之详密者。陈氏之论，自可备一说。《语类》讨论此问题，皆是漳州以后之事，可以印证。然予尚有一说，可资参考者。朱子在淳熙十五年（1188年）二月始出《太极图说解》以示学徒。是年即有朱陆太极之辩。故漳州（1190年）以后门人诸多讨论，所问不只理气先后问题，而亦包括其他太极为理，物物有太极，理气动静，人物理气同异等等，从《语类》问答可以见之。朱子素来主张理气无先后，与推论则理在气先之思想并无冲突。不过因发表《太极图说解》之故，加以太极之辩，门人疑问，故有推究之论而已，非所以谋矛盾之解决也。

讨论太极动静，指出太极含动静是从本体之微上说，太极有动静是从流行之著即用上说（32页）。如是一方面可以保全周敦颐太极可动之思想，而同时又可以保全朱子本人太极是理而理不动之思想。此处分析清楚，可谓善于观察。谈理一分殊，则分论用之以论证宇宙本体与万物之性的同一性，论证本原和派生的关系，论证普遍规律与具体规律的关系，论证理与事物的关系。分析细微，为以前所未见。关于人物同异，于朱子思想并不清楚处，从各角度进行批判（61—63页），也至为详尽。

陈来讨论朱子心性涵养省察之见解，亦从朱熹思想之进展方面观察。由杨时、罗从彦与李侗之遗训，而经与友人蔡季通（蔡元定）参究（丙午之悟，1166年），访张栻讨论（湘湖之行，1167年），与湖南诸公书（己丑之悟，1169年），而达到其主敬穷理之主张。言心则以之为有体有用，贯乎已发未发，主乎性情。此种主张，可见于其《知言疑义》及《仁说》。心统性情，其具体意义，亦详加分析（172—185页）。陈来以为朱子在《知言疑义》中通过自己的途径得出心统性情的思想（119页）。盖朱子欲改胡宏《知言》"心以成性"之言为"心统性情"，而张栻将此改为"心主性情"也。此说与普通以"心统性情"来自张载，大异其趣。如此说可信，则的确是创见。陈来谓张子"心统性情"之语，不见张子《语录》（119页），未得其详。今见《张子全书》卷十四《性理拾遗》，则见诸《性理大全》也。朱子亦解"统"为"统兵之统，言有以主之也"（176页引《语类》）。推陈来之意，非谓朱子不知横渠（张载）此语，盖《近思录》明以此语归横渠，而谓朱熹因"心以成性"之言而悟心主性情之说。

在此讨论之中，考定"人自有生"四书为中和旧说，答何叔京"昨承不鄙"与"人自有生"四书同时，答何叔京书作于丙戌（1166年），答张栻四书作于丙戌与丁亥（1167年）（100—104页）。此为全书之出类拔萃者。陈来另著有《朱子书信编年考证》（上海人民出版社1989年出版），将朱子二千许书札断定年期，数量之多，考据之实，远出乎王懋竑《朱子年谱》与钱穆《朱子新学案》之上。

在讨论格物致知部分，作者特别推崇李侗，以朱熹在《壬午封事》中大倡《大学》格物致知之道为受李侗影响（190页）。更考定《大学章句》年期，且批评朱子分经传为孔子之言与曾子之述为无实据（202页），又谓以"格"为"至"为无理（210页）；分致知之知为知识之知与能知之知（211—212页），分析物格与格物之不同（214页），豁然贯通须经长期积累，故不可与禅宗"顿悟"同日而语（231页）。凡此皆精明之论，为以前研究朱子所罕见。至谓朱子格物致知之论，是以延平（李侗）说为经，伊川（程颐）说为权（289页），则有商榷之余地。据朱子自述，自十五六时知读《大学》而不晓格物之义（《文集》卷四十四，答江德功第二书）。理一分殊之说，固得于李侗，而亦得于程颐。补传直言"窃取程子之意"。训"格"为"至"，步履程子。"即物穷理"与"以类推之"之说均源自伊川而非延平。延平曾谓"理不患其不一，所难者分殊尔"。此点或为陈来所强调，然伊川亦曾谓一草一木皆须格。大抵延平格物之教重在涵养，伊川之教重在知识。陈来为经为纬之意，或即指此。学者归功于延平理一分殊之教，但从未见归功于格物。陈来改正此点，实为一大贡献。同时亦应归功于伊川，乃公平尔。

讨论朱陆之辩，陈著最见精彩，分析鹅湖之前朱陆思想，尤具特色。据朱子《杂学辨》与致张栻、石子重等书中所言，说明鹅湖以前，朱子对陆象山立下"发明本心"与"圣人之学可不由读经而达"等鹅湖主题，早已立定意见（271—280页）。学者通常以陆主尊德性，朱主道问学。陈来则以"二人对'尊德性''道问学'的理解并不相同。陆以尊德性即是存心明心，是认识真理的根本途径，道问学只是起一种辅助巩固的作用，而在朱熹看来，尊德性一方面要以主敬养得心地清明，以为致知提供一个主体的条件……认识真理的基本方法是'道问学'，'尊德性'则不直接起认识的作用"（331页）。陈来强调二人为学方式不同，谓"朱熹主要是从陆学的一些外部特征、为学方式、修养风格上与禅学类比，并不是从内在的本质上来理解双方的差异"（332页）。此点或是过言。朱子批评禅家作用是性，不遗余力，亦即批评象山。无论其理论是否正确，其从内在的本质上立论，则无可疑也。陈来对于朱陆之分歧，并不侧重"性即理"与"心即理"之分（338页），或客观唯心与主观唯心之别（339页），而在其为学方法之不同。此观点与众大异，实足以打开研究朱陆异同之新区域。然陈来亦指出朱子分心性为二，陆氏则以之为一（341—342页），又指出朱子以生下来便有气质，陆子则本心纯洁。此亦是从内在的本质上立论。然"总起来看，朱陆之争的主要分歧，不是本体论的，而是人性论的、伦理学的、方法论的"（352页）。

　　关于鹅湖之会，有数点可以补充或改正者。陈来据《东莱年谱》，以淳熙二年乙未（1175年）四月二十一日如武夷（284页），然吕氏《入闽录》云："三月廿一早发，四月初一至五夫里访朱元晦（朱熹），馆于书室。"《入闽录》为吕东莱本人日记，当然可信。大概年谱误以《入闽录》之三月廿一为四月廿一尔。武夷山六曲响声岩石刻，乃朱、吕编《近思录》后赴鹅湖之集游览武夷山之遗迹，其中九名"皆当为鹅湖会议的参加者"（287页）。此一假设，确是新见，然只是推测而已。其中以张元善为浙江学者，则偶尔失检。盖张元善即詹元善，福建人，朱子弟子。初后其舅为张氏，既复为詹氏（参看拙著《朱子门人》，台北学生书局1982年版，第284页）。朱子祭陆子寿文云："出新篇以示我。"陈来以是为《传心诗》（295页），然《传心诗》既已于鹅湖会议之初诵出，不为新篇，疑是别为一文。又陈来以朱子和陆子寿诗为在铅山之作（295页），然鹅湖之集至铅山再会已是前后五年，何得云"别离三载更关心"？王懋竑谓"盖鹅湖之会在乙未，铅山之访在己亥，中间隔丙申丁酉戊戌三年，故曰三载"（《朱子年谱考异》淳熙六年）。此说太牵强，朱子何不直言"五载"耶？陈来盖沿一般学者，以铅山三载和诗。此虽小节，严密之学者如陈来，不必随声附和也。

陈荣捷

原载《中国社会科学》1990年第6期

吉田公平：陈来著《朱子书信编年考证》

关于中国思想史上的巨人之一朱熹（1130—1200），前人已经有不少研究成果。因为最近陈来《朱子书信编年考证》出版，本文拟在介绍朱熹研究的工具书的同时，阐述一下该书刊行的意义。

王白田《朱子年谱》、朱泽云《朱子圣学考略》和夏炘《述朱质疑》这三部关于朱熹研究的古典研究著作，实际上是朱陆论争的副产品，关于这一点笔者曾有论述（见《阳明学の世界》所收《王阳明研究史》及拙著《陆象山と王阳明》）。为了驳倒王阳明的"朱子晚年定论"，朱子学者们必须从形成、发展过程上对朱熹思想进行把握，这种迫切的需要促成了朱熹年谱研究的进展。其研究成果即朱熹思想在40岁已经确立、在60岁时更加成熟的见解今日已成定论。因此，在基本承认《朱子年谱》等成果的同时，我们今天对朱熹研究所要求的是建立在更加缜密的考证基础之上的思想研究。

关于朱熹众多著述中的《四书集注》《四书或问》《诗集传》《近思录》等，有后藤俊瑞编的《四书集注索引》《四书或问索引》《诗集传事项索引》等工具书及各种译注书。但是真正下功夫对《朱子语类》进行解读，还是近25年来的事情。已发表的选译成果有九州大学（油印）、东北大学（《集刊

东洋学》)、东京大学(《汲古》)、田中谦二(《东洋史研究》)、荒木见悟
(《朱子・王阳明》)、三浦国雄(《朱子集》《朱子语类》《朱子学大系》)等。
工具书则有《朱子语类索引》(中文出版社版附录)、佐藤仁《朱子语类语句
索引》、盐见邦彦《朱子语类口语语汇索引》、田中谦二《朱门弟子师事年
考》、陈荣捷《朱子门人》等力作。东北大学、东京大学的研究小组的工作
仍在进行之中,虽然缓慢但不断有扎实的进展,其成果值得我们期待。

　　读解朱熹著作时最难的实际上是《朱子文集》,而从整体上理解朱熹最
重要的资料也是《朱子文集》。该书的选译成果有友枝龙太郎、荒木见悟、
三浦国雄各家及《朱子学大系》《朱子绝句全译注》(宋元文学研究会),但
现状距读解其全部内容还相差甚远。在读解《朱子文集》时,佐藤仁《晦庵
先生朱文公文集人名索引》、东京大学朱子研究会编《朱子文集固有名词索
引》等工具书为我们提供了很大的方便。最近又有了陈来的《朱子书信编年
考证》。关于朱熹书简执笔年代的考证,虽然前人曾有程瞳《闲辟录》、陈
建《学蔀通辩》及上文所述的三部古典研究、钱穆《朱子新学案》等,但都
只限于立论所需要的部分,而不是全面地对朱熹书简进行年代考证的研究。
此次陈来先生对2700余通书简的执笔年代进行的考证,无疑是对朱熹研究的
巨大贡献,实为一大快举。朱子学以至宋明理学的研究领域往往存在着轻视
考证工作而偏重理论研究的倾向,但实际上只有在确实的考证基础之上,理
论研究才能深入。今后,如果能够利用朝鲜朱子学者读解《朱子文集》的成
果《朱子大全劄疑》以及《朱劄辑补》等遗产(参看三浦国雄《〈朱子大全劄
疑〉をめぐって—朝鲜朱子学の一侧面—》),《朱子书信编年考证》的精度
一定能够更加提高。

　　不仅限于朱熹,书简资料本来就是难于解读的。即便是纯理论性的内容,
如果不了解往来的实际情况也会造成误读。更加麻烦的是,还有不少虽然朱
熹明确提到曾经执笔,但今本《朱子文集》中未收的书简(参看朝鲜版《朱
子大全》卷末所收的《朱子大全遗集》)。陈荣捷《朱陆通讯详述》明确地展

示出，只有首先考证已散逸的书简的存在才能正确读解书简资料（见《朱学论集》）。朱熹究竟写过多少书简？朱熹书简收录于其身后编集的《朱子文集》的正集、续集和别集，但是朱熹60岁左右刊行的"盗印"本即所谓宋本《朱子文集》29卷中也有收录。将收在该集中的诗文书简与通行本《朱子文集》中的内容加以比较，可知有不少文章经过大幅度的修改（参看拙稿《宋本〈朱子文集〉について》）。不仅是文字的异同。有时复数的书简被合为一通，也有相反的例子。由此可知书简的执笔年代考证中实际上潜藏着一些不能简单处理的问题。总之，如果明确了书简的执笔年代，我们对朱熹的理解无疑会更加透彻。在敢于从正面对这个谁都感到棘手的难题进行挑战的陈来先生的著书问世的今天，我们由衷期待更多在更加扎实的考证基础之上的、更加缜密的朱熹研究成果的出现。

《东方》1992年2月号（131号）东京、东方书店刊
（吉田公平教授是日本著名的宋明理学研究家。）

潘富恩：朱子学研究史上的新突破

——评陈来《朱子哲学研究》

 早在1985年之初，承蒙张师岱年先生不弃，指定我为陈来先生博士学位论文的同行评议人之一，因此我有幸先睹为快，阅读了陈来先生《朱熹哲学研究》的论文打印稿。时隔三四年，陈来先生又以京、沪两地出版的《朱熹哲学研究》和《朱子书信编年考证》二书见赠。其治学方法之严谨，考据之精审，及其所提出的确实有据的新见解，令人耳目一新，我深为钦佩。亦诚如国际朱子学界的老前辈陈荣捷先生所评论的，"如是水平之高的博士论文，中国外国不多见也"（423页）。该博士论文是作者的成名作，使他成为近20年来朱子学研究的重要代表人物。他与张立文、束景南的朱子学研究，各具特色，有各自的特殊贡献。

 我曾在1993年第5期的《哲学研究》和1995年第7期的《学术月刊》上先后对束景南和张立文两先生的朱子学研究做过专门长篇评论。对陈来先生的"朱子学"的杰出成就，一直想找机会发表点浅见。恰好，最近华东师范大学出版社印行了陈来先生《朱子哲学研究》新本。这是一个增订本，比原来增多三篇，即《前论》中的"朱子与三君子""朱子与李延平"和"本论"部分心性论中的"朱子淳熙初年的心说之辨"，此外，还增加了一个"附录",因而使这部学术论著更臻完善。正值朱子逝世八百周年,该书增订本的出版,乃意味着朱子学研究史上的更高层次的新突破。本书认为整个朱子哲学的形成是个复杂演变的动态体系,因此着重区分朱子在不同时期所持的不同观点,并通过具体而细致的考辨和义理分析,以朱子本人思想的发展脉络把握朱子思想在不同时期的特点,由此使得朱子前后各个不同时期的论述差异及其间的发展联系清晰可辨。正如本书作者所说:"本书注重从时(历史演变)空(层次角度)的不同方面对朱子的理气论、心性论、格物致知论的主要内容进行综合考察和全面分析,以求达到对这一庞大而复杂的哲学体系的具体把握。"(9页)本书也正是立足于此,始终贯彻和完成了上述写作的本意。这在方法论上是体现了历史辩证法的精神,使朱子历史的真实的思想全貌浮现出来。

本书的重要贡献之一,是重视依据时间的发展,考察思想家心路历程的历史方法,清晰地勾勒出朱子思想演变的轨迹,由此使朱子学研究中,有关朱子思想前后矛盾复杂现象的诸多疑难问题得到确实有据的解决,为朱子学研究的发展道路排除了障碍。例如对于理气关系这个核心问题,本书颇费较大笔墨论证朱子的理气先后思想经历了复杂的演变过程。早期之《太极解义》(1170—1173)以理规定太极之内涵,此时尚无理先气后说(81页)。南康时期(1179—1181)仍主理无先后(82页)。甲辰(1184)与陈亮辩有"道之常存"之语,促进了朱熹对理的永恒性与绝对性的理解,成为朱子理在气先思想形成中的一个环节。守漳州时期(1190)乃有理能生气之说(90—91页)。至潭州时期(1194)产生了新的演变,朱子却提出"理与气本无前后之可言,但推上去时,却如理在先、气在后相似",又说"(理气)此本无先后之可言,然必推其所以来,则须说先有是理"。认为从逻辑上推论"推上去","推其所以来",则理在气先。该书做如此详密的论证,可谓朱子学研究上的第一人。但这是个很关键的重要问题,乃理解朱子哲学思想动态体系的入门要津。

又例如本书论析最见精彩的是朱陆之辩。历来有关探讨1175年鹅湖之会上的朱陆论辩的学术思想分歧与为学之方的不同，或其思想异同处等问题的文章，可谓多得难以数计，但总是还停留于一般通常之见，如以"陆主尊德性，朱主道问学"，未有更高明的令人信服的创新见解。本书作者通过可靠的史料做了有力的论证，认为鹅湖之前朱子根本不是与陆"未会而同"，相反，他自己早已走上了一条与陆完全相反的为学道路，从鹅湖前后开始，他对陆九渊的一切公开反驳，都是他自己的学问主张完全合乎逻辑的结果（350页）。本书作者对于朱陆的分歧，并不侧重"性即理"与"心即理"之分，而认为"朱陆之争的主要分歧，不是本体论的，而是人性论的、伦理学的、方法论的"（419页）。本书朱陆之辩的内容（341—418页）分布于第15章：鹅湖之前，第16章：朱陆之争；第17章：朱陆异同。在该三章的论述中，除理论分析外，尤注意对朱熹思想历史演变的考察。此实为朱陆思想异同比较研究，开辟了新的领域。

本书的重要贡献之二，对朱子哲学中的哲学命题和哲学范畴，注意其本身的复杂性，其内容上都具有多方面、多层次的不同含义，体现在对问题的讨论中，因而仍强调注意从时空的不同方面对理一分殊、已发未发、心统性情、格物致知等等主要内容进行综合考察和全面分析，以求能对朱子哲学体系有总体把握。例如本书论理一分殊，认为此命题含义随历史发展始简而后繁，因而不能把它作为一个意义的单一命题，而在于具体地确定朱子如何运用这一模式处理各种有关问题。理一分殊在开始提出时，主要具有道德原则的普遍与特殊、统一与差异的意义，朱子除了继承这一含义外，主要用理一分殊来论证宇宙本体与万物之性的关系，论证本原与派生的关系，论述普遍规律与特殊规律的关系，论述理与事物的关系。本章还提出应对朱子哲学所谓"物之理"的概念所包含的不同意义加以分疏，有"性理"——指事物由禀受天理而构成的本性，另有"分理"——指事物的特殊性质和规律，理一分殊应用于两方面的意义彼此不同（110—123页）。

书中还特别指出，理学家不是从共相和殊相，从一般概念和具体事物的方面讨论个别和一般的关系，他们注意的是理的一般与个别问题。作者于此条分缕析，体察精微。有如心性论中的已发未发问题，本书作者曾在一段自述中说，1979年夏由邓艾民先生为陈来的硕士论文的指导老师，选定朱子为研究对象。"记得上来读王白田《朱子年谱》，对于朱子早年的'已发未发'说，颇觉难明，就写下一页问题，请问艾民先生，要我自思而得之。于是我自己又去用功，而终于深造之而有所得。"（邓艾民遗著《传习录注疏》序）可见陈来攻硕时期"好学深思"，对于朱子的"已发未发"之说的涵义已有所得。

从杨时到李侗极力推崇《中庸》的伦理哲学，尤其注重其中的"已发未发"说。《中庸》说："喜怒哀乐未发谓之中，发而皆中节谓之和。中也者，天下之大本也。和也者，天下之达道也。"杨时在追求"未发"的心理体验上继承了程明道，他别道而南归时，明道意味深长地说："吾道南矣。"因此杨时—罗从彦—李侗—朱熹这一传承系统被称为道南学派。本书作者着重指出："如果仅仅从师承着眼，不能理解道南的特点及道南发展到朱熹出现的重大变化，就不能认识理学由北宋到南宋的发展，也就不能认识朱熹出现的意义以及朱熹早期思想演变的基本线索。"（157页）强调"未发"的直觉体会成为道南一派的指诀真传。由于朱子与这种体验之学不合，终于走向另一个方向，超越杨时而接承程颐，从追求未发体验的直觉主义转为主敬穷理的理性主义。朱子心性论的形成和发展，与湖湘学派有密切关系。湖湘学派的胡宏和张栻以性为未发、心为已发实则是性体心用的观点。朱熹曾一度接受，而后又对此观点由疑到悟，修正了张栻以至胡宏关于已发、未发的观点，这就是所谓的"己丑中和之悟"。朱熹把未发之中解为性，把已发之喜怒哀乐解为情，而把心作为贯通性与情之中，朱熹终于在稍后不久一系列论辩中将之发展为心统性情说，标志着朱子心性论的基本完成。书中对朱熹在李侗（延平）影响下研究中和之说的艰苦过程及其最终离开李侗而复归程颐的发展做了详细考察。这个独具一格的论析特点实则他人专著所未有。关于朱子的格物致知论，本书分格物与致知、格物与穷理、知行问题三个专章进行论述。诚然，有许多分析为当前朱子学界学者所共识，但也有不少独到精辟之论，这正是陈荣捷先生在评陈来的《朱子哲学研究》的书评中所指出的几点：（1）认为朱熹格物致知部分，特别推崇李侗，受李侗影响。关于《大学》以及整个方法论思想都是从李侗理一分殊之教而来；（2）考定朱子《大学章句》年期，且批评朱子分经传的孔子之言与曾子之述为无实据；（3）分致知之知为知识之知与能知之知与分析物格与格物之不同，豁达贯通须经长期积累，故不可与禅宗顿悟同日而语等。陈荣捷先生对此下的评语是"凡此皆精明之论，为研究朱子所罕见"，又说"学者归于延平理一分殊之教，但从未见归于格物。陈来改正此点，实为一大贡献"（425页）。本书作者还对朱子格致学说做了很精确的论断：在中国近古哲学的基本背景和具体条件下考察，朱子的格致学说在重视人的道德修养的同时，强调外部事物的考察和知识的学习扩展，对于抵制宗教神秘主义和反理性主义倾向有不容忽视的重要意义（339—340页）。

本书重要贡献之三。该增订本，补入《前论》中"朱子与三君子""朱子与李延平（侗）"，使对朱子早年思想发展的论述有了更丰富的内容和更清晰的脉络。文中所论乃自朱子青少年至朱子28岁同安任满，在这个时期里考察朱子思想渊源及成长脉络。朱熹由其父朱松命往从学刘子羽、刘子翚、胡宪（原仲）等三人（人称"三君子"）。"三君子"中刘子翚对朱熹影响最大。"三君子"虽然不同程度地对佛老思想有兴趣，但对朱子的主要影响仍然是在儒学方面。青年朱子一度泛滥出入于佛老但仍以儒为宗。文中指出：前人所争论的朱子何时受学李侗的问题，"它真正意义应当是朱熹何时'尽弃异学'而不单纯在朱子何年执贽弟子礼"（39页）。也就是说李侗告以儒释之辨，朱子始疑后悟，而觉禅学之非而立志归本伊洛。在"朱子与李延平"一章中专门论述朱李之间近十年的思想交往，李侗将朱子引入道学系统的轨道，然而李侗思想承继的是程颢—杨时—罗从彦，以静为宗、注重直觉主义的内在体验。朱子在李侗死后则逐渐转向程颐的理性主义轨道，以主敬立其本，以穷理进其知。朱熹的出现使道学在南宋发生了理性主义的转向，"李侗、朱熹授受之际正是理解这一转向的原初契机"（72页）。因此该书新版增订《前论》部分，这对全面考察和总体把握朱子哲学的动态体系是决不可缺的关键。增补《本论》部分的心性论中的"朱子淳熙初年的心说之辩"，主要是论述朱子于淳熙初年曾与同时的浙江学者以书问往来论析"心"的诸说，并以论辩示诸湖南、福建友人讨论。此过程构成了朱子生平学术讨论中的重要事件，这些论辩，对了解朱子乾末淳初的心性论特色及朱陆鹅湖之会前朱子对心体诸问题的看法，具有重要的意义，因此修订本增补这部分内容是非常必要的。

增订本中的《附录》则是已故国际朱子学界的老前辈陈荣捷先生撰写的：《评陈来的〈朱熹哲学研究〉》。从其文如见其人，先生之道德文章为世楷模，他奖掖后进的精品之作则不遗余力。他从该书的目录安排，内容的叙述、分析、考据到著者的写作特色，创新论点的价值意义，无不一一加以品评，如指出书中论述朱子格物致知部分"凡此皆精明之论，为研究朱子所罕见"。但他不太同意书中说朱子格物致知之论，是以延平说为经，伊川说为纬，认为"则有磋商之余地"：认为书中"讨论朱陆之辩，最见精彩"；对陈来关于朱子理气哲学的论述，认为"陈氏之论，自可备一说"。对书中谈及鹅湖之会参加人数问题的新说法，陈荣捷先生也很直率地指出，"此一假设，确是新见，然只是推测而已"。更难得的是书评中陈荣捷先生还提示某些具体"可资参考者"的史料，让作者做进一步研究的思考。此外还对旧版书中的错字和"书末应附索引"等"小节"处予以指正。最后他说"凡此皆是余事，而书的内容与方法均属上乘"云云。从陈荣捷先生的这篇书评也可看出他治学上的严肃和认真的风格，是我们应当学习的。他的这篇书评，实则起了《朱子哲学研究》一书极好的导读作用。陈来先生《朱子哲学研究》

增订本的出版，应该说是朱子学界于新世纪开端的一件喜事。至于他20世纪80年代后期出版的《朱熹哲学研究》旧版，早已为海内外学者所公认的上乘之作，而今又在原有的基础上精益求精，增补了其中不可少的新内容，使之成为更高层次的精品之作，再为朱子学研究领域做出新贡献。

原载《孔子研究》2001年第6期

（潘富恩，著名中国哲学史家、复旦大学教授）

余敦康：陈来《古代思想文化的世界》评介

　　本书与作者于1995年刊行的《古代宗教与伦理》构成一个完整的系列，重点在于进行探源性的研究，厘清中国文化在前轴心时代的思想积累及其所取得的阶段性的进展，如何为诸子百家特别是儒家的出现准备了条件。

　　在世界文化史上，中国与希腊、印度、以色列几个地区同时产生了轴心期的哲学的突破，由此形成了几种具有不同文化特色的哲学形态和人生面向。早在"五四"时期，梁漱溟先生就关注这个问题，写了《东西文化及其哲学》，进行了宏观的比较，但是由于截断众流，脱离了具体的历史的发生学的考察，只注意到业已成型的哲学形态而没有注意到其如何形成的前史，所以关于中国文化及其哲学的特质所在，梁漱溟先生只是提出了问题，而没有解决问题。为了切实地解决问题，必须转换视角，追溯发生学的源头，依据确凿可信的考古学、历史学和文献学的实证材料，对中国早期文化的进展进行全面系统的探索。从这个角度看，作者的这部以春秋时代的思想文化世界为主题的著作，可以说是站在文化史学的立场，试图回答梁漱溟先生早年所提出的问题，并且为人们进一步探索这个问题确立了一个本源性的基础，开拓了一个新的研究方向，其学术意义是值得高度评价的。

　　就本书的具体论述而言，作者以问题为线索，分为十章，对春秋时代的神话传说、伦理观念、宗教信仰、礼仪文化、社会思想以及经典的形成做了全方位的考察，一方面揭示这一时代与夏商周文化的精神气质的连续性，另一方面紧紧把握从宗教祭祀向人文思潮渐进性转化的主流，确定这一时代在思想史上新旧交替的地位。全书有史料、有考证、有分析、有综合，信而有据，论从史出。已故美籍华裔学者张光直先生着眼于史学，认为作者是用哲学家的写法做古史的研究；如果着眼于哲学，也可以反过来说，是在用史学家的写法做哲学的研究。总起来看，作者的这种研究方法实际上是史学与哲学的结合，历史与逻辑的统一，给当前的学术界带来一股清新务实的优良学风。

　　由于作者把中国前轴心时代的文化置于世界历史的宏观框架中比较考察，并且广泛地吸取了国际前沿的研究成果，由此而提出了一系列独到创新的看法。比如作者指出，由宗族组织与政治权力同构而形成的礼乐文化是中国区别于其他地区文化的总体特征，春秋文化转型的根本原因不在于政治经济的变化而在于旧的宗法秩序的解体，人们思考的重点不是自然宇宙而是人类社会，因而发展出一种与希腊理性不同的人文理性，所有这些，决定了孔子及诸子时代不是以"超越的突破"为趋向，而是以人文的转向为依归。如此等等的一些看法，皆发人所未发，富有启发意义，这部《古代思想文化的世界》达到了很高的学术水平。

2004 年 5 月 26 日

　　（余敦康，著名中国哲学史家、中国社会科学院世界宗教研究所荣誉学部委员）

钟彩钧：陈来《中国近世思想史研究》述评

陈来教授《中国近世思想史研究》（北京：商务印书馆，2003年10月，下称"本书"）集合了作者20年来在宋明理学领域中的重要论文，这些论文有多方面的成就，结集成册，将对学术界发挥更大影响。

笔者与陈君同样研究宋明理学（当然陈君的研究范围不止于此），也有一些课题是重叠的，如朱熹、王阳明、颜钧等，甚至系年研究的方法也类似，因此或者能对本书做出较正确的评价。笔者与陈君相识十余年，虽然书评应该客观，不涉交情，但来往时的一些见闻若有助于理解其研究，也不妨略加叙述。笔者十七八年前在英国撰写关于朱熹的博士论文[1]时，便曾参考陈君《朱子新学案述评》《朱熹观书诗小考》《朱熹理气观的形成和演变》等论文。后者以阶段发展的方法研究朱子理气观。笔者觉得其方法、结论与笔者相同，但在阶段上分得更精细。前两文本书有收，陈君在文中指出钱穆先生将朱子中和旧说（即丙戌之悟）系于39岁，不如清代学者王懋竑、夏炘的系于37

---

[1] 该论文已出版：Tsai-chun Chung. *The Development of the Concepts of Heaven and of Man in the Philosophy of Chu Hsi*. Taipei：Institute of Chinese Literature and Philosophy, Academia Sinica, 1993.

岁，也为笔者所采用。

1992年9月，陈君至笔者工作的台湾"中央研究院"中国文哲研究所访问，并做了两场演讲。当时陈君的《朱熹哲学研究》《有无之境——王阳明哲学的精神》《宋明理学》皆已出版，因此第一场我们请他自述其宋明理学研究，第二场则宣读论文《论朱熹淳熙初年的心说之辩》。该篇论文收入《国际朱子学会议论文集》（陈君原来受会议邀请但不及赴台），今亦收入本书之中。在第一场演讲中，陈君谈到"文革"以后，大陆学者以肯定的态度重新研究宋明理学，除了张立文、蒙培元的研究外，最有代表性的大部头著作就数侯外庐主编的《宋明理学史》。笔者印象较深的是陈君的一句评论："《宋明理学史》一书讨论的多半还是哲学史问题，而不是理学史问题。"笔者以为这句话很扼要地点出大陆宋明理学研究的发展路径，以及陈君所占的位置。

哲学史与理学史的区分何在呢？今仍以侯外庐著作为例来说明。侯氏的《中国思想通史》在马克思主义的基础上，对思想家一般分为世界观（唯心或唯物）、人性论、认识论、社会观四个部分来讨论。哲学史的写作不一定要采用马克思主义的观点，但基本上都会包括以上内容。侯外庐在《宋明理学史》的序中，自谓在1959年编著《中国思想通史》第四卷时，"就开始酝酿编著《宋明理学史》，以阐明理学的产生和演变及其在中国思想史上的地位，使它成为一部与思想史有联系而又有区别的专门著作"。他以为"研究者如果以理学思想作为指导，以理学写理学，那是不能揭示历史发展的真实面貌的，而且还会歪曲这个历史过程"。在序中，撰写者说："通过对各个理学家及各个理学流派的研究，阐明宋明理学史的独立发展过程及其规律性，总结理论思维的经验教训，揭示思想史与社会史之间相互影响的辩证关系，对我们是有重要意义的。而要做到这一点，就不能离开马克思主义的指导。"[1]从这几句话可以看出《宋明理学史》希望较细致地研究《中国思想通史》来不及处理的

----

〔1〕引文分见侯外庐等编：《宋明理学史》卷上（北京：人民出版社，1984年4月）序，页24。

大量繁复的材料，然而它不是"以理学写理学"，虽说要阐明其独立发展过程及其规律性，但如果偏重理论思维，且不离马克思主义的指导，不免在方法上太接近《中国思想通史》，而只能成为中国思想的"断代史"。也就是说，虽然材料较为多元，解释与评价则未变，且评价会影响材料的取舍，属于理学核心的功夫与境界。如果只以一般知行问题来处理，自然难求其细致，而且易流于负面评价。因此若不"以理学写理学"，恐亦"不能揭示历史发展的真实面貌"。然而侯外庐所论仍是相当有道理的，当理学时代过去之后，要让它重现是不可能的，此时仍欲"以理学写理学"，不但不足以引人兴趣，甚至是难以实现的。举一个最明显的例子，理学的重心是关于心性、功夫、境界的理论、体验与实践，这些在明末皆发展到极致，但到了只隔一代的黄宗羲，除了理论以外，其他恐怕都丢光了。黄宗羲对理学造诣深邃，但他不并做理学家的功夫，因此他的《明儒学案》除了数据的选录编辑外，只做理气心性概念的辨析，他已经不是"以理学写理学"了，却没有人说他做得不对。

因此不管是否"以理学写理学"，都会出现困难。笔者认为可能的做法是尽量贴切当时的数据来发掘问题，但同时也要兼顾今人的兴趣，才能是"理学的历史"。因此，理学史的研究，除了确实掌握资料外，兼综古今的视野、灵活的选题能力、稳妥的判断都是必要条件，笔者认为陈君在此有优异的表现。本书中较早的论文中，如《关于张载的气观和理观》《方以智的本体论与方法论》更像哲学史研究，其他则较多考证之作，而20世纪90年代以后的作品则明显多样化。虽不能断言这样就走上理学史研究的康庄大道，但陈君能多方向拓宽视野，以期贴近当时思想界的原貌，这种企图心定能为理学史的完善带来积极的影响。

本书包括义理、考证、数据三个方面，讨论的时代自北宋至清初，研究主题除了发掘古人原有的论辩外，亦多当今关心的主题，且与国外学界多有交涉。例如《宋明儒学仁说的生态面向》显然讨论今天人类最关心的问题，又如《黄道周的生平与思想》指出研究一些独立思想家的重要性，皆有开创性。各篇的重点与创见，读者细阅自知，在这篇述评中，笔者只能略举一些自觉受益的地方来请教。

《论宋代道学话语的形成和转变——论二程到朱子的仁说》。如果要说明"理学史"与"哲学史"的差别，本文与《朱熹淳熙初年的心说之辩》所讨论的主题——求仁与心说——是从道德实践的指导与反省中产生的理论问题，这些是"理学史"特有的问题。两篇文章中，陈君从数据中过滤出当时学者集中论辩的问题。前一篇中，"话语"当是discourse的中译，台湾一般译为"论述"。陈君指出朱子仁说是对谢良佐与湖南学派仁说的克服，对此牟宗三先生已有详细的解说，笔者也曾注意在中和旧说时代，朱子受张栻影响而提出"求仁"与"求仁格物"[1]。

但陈君此文更能广论仁说从二程、程门至南宋道南学派、湖南学派的发展与演变。因此朱子的仁说是北宋以来仁说的总结，此后便进入理气、心性、格物等新的道学话语了。陈君指出朱子仁说注重的是道德实践意义，即功夫意义，而不是仁说的境界意义，笔者认为是正确的，而功夫意义同样也是朱子中和旧说向新说发展的指导原则。陈君指朱子重功夫与字义，指出朱子的理性主义性格，并多少流露出对于理学中这一路向的赞同，这态度不同于牟宗三先生，笔者个人亦倾向于陈君一边。

《李延平与朱晦庵》。对于李侗与朱子的关系，历来研究各有偏重，综合起来有两点。一是"体验未发"。程门自杨时力倡静中体验未发的宗旨，经罗从彦至李侗，发展出静坐悟心体的方法，牟宗三先生称为"超越的体证"，但朱子与此路径并不相契。另一是"理一分殊"。李侗提醒朱子不要空言道理，而要理会面前事，注意"理一分殊"中的"分殊"，朱子因此仔细读圣人之书，不但因此回到儒学，更启发了后来的格物说。我们由此容易

---

〔1〕二语见朱熹：《答张敬夫卅四》《与王龟龄》，载《朱子大全》（台北：台湾中华书局，1970《四部备要》本），卷32，页4上；卷37，页8下。

认为李侗的学问本来包括这两方面，朱子所得是后者。陈君则清楚地论证了师徒两人各是一种思想形态，李侗继承杨时而发展的是直觉主义的内在体验，这是南宋初道学的主导，朱子则从理性主义的立场理解李侗所欲教授给他的东西，从而造成宋代乃至整个宋明理学的面貌与特质的改变。笔者从这种差异，领悟到朱子所得于李侗者其实出于误读。《延平答问》中多讨论《论语》《孟子》训解，即朱子所谓"当时亲炙之时，贪听讲论，又方窃好章句训诂之习"（118页）[1]，但李侗的方法未必是解字句，而是由玩味字句来探求圣人之心，得圣人之心，于字句自能脱然无疑。然而，得圣人之心的前提仍在自己的心地功夫，因此读书只是内在体验后的参证，如高攀龙自述悟道经验后说："自知从此方好下功夫耳。"（320页）朱子与李侗属于不同的思想形态，故对其教学是得其用而不得其体。

陈君对资料与事实的考证也很有贡献，他每每运用前人所未曾运用的数据，因此成绩突过前人。《朱子〈家礼〉真伪考议》除了广列材料与前人考述，做出判断外，更将今本《家礼》的内容和《朱子文集》《朱子语类》中对司马光、程颐所订礼仪的评论相比较，从两者一致来断定其真实性。《朱学杂考》汇集数篇考证，其中的《观书诗考》对中和旧说年代的考证，笔者曾加引用；《"理生气"考》旅美前辈陈荣捷教授曾加引述[2]；而《易序真伪考》不但论《二程全书》中《程氏易传》书首《易序》一篇为伪，更考订出该篇是如何混进来的。

《朱熹淳熙初年的心说之辩》。朱子这些学友大体分成两派。一派为石子重等，以存亡出入为人心，评价甚低，道心则是超越的。石子重称为"心之本体不可以存亡言"（173页），何叔京称为"圣人之心如明镜止水，天理纯全"（178页），游诚之以为"心体本静""出入有时为心之正"（175—176页）。另

---

〔1〕本文引述的原典若转引自本书，则仅标明本书页数，以节省篇幅。
〔2〕陈荣捷：《朱子新探索》（台北：台湾学生书局，1988年4月），页243—245。

一派为吕子约，以为存亡出入近于道心，评价甚高，道心是内在的。他说"寂然常感者，心之本体"（165页），又谓存亡出入是指"动静无端、无方无体之妙"，"荒忽流转，不知所止，虽非本心而可见心体之无滞"（171页）。"寂然常感"是说心体是寂然的，却有"常感"的能力，因而要从"存亡出入"等未必符合道德意识的"常感"中悟入，似乎接近朱子中和旧说的看法。但这两派皆以为本心与现象心并存，陈君指出这是魏晋以来的体用模式，而为禅宗所发挥。但在朱子哲学中，体用分析只适用于性与情之间，至于心只是一个现实的、经验意识的概念，一个感应知觉之心，背后不存在其他作为本体的心。因此朱子所说的心体与心之本体不再是本体意义的，而是作为静的意识状态来理解的。因为他所理解的心体与感应知觉之心是同一层次的东西，所以他强调"心一也"，主张道德意识状态即是心体的呈露（179—182页）。以上所述，除了吕子约心说部分稍有补充之外，皆是陈君的看法，对于朱子心说的特色与哲学史意义有清楚的指陈。但引文所见朱子心说似乎还有可发挥的地方。

朱子同样用一个"心"的概念指知觉性与道德性两件事情，前者是中性的，后者则有善恶评价："要之，存亡出入固皆神明不测之所为，而其真妄邪正始终动静又不可不辩耳。"（177页）石子重、何叔京、游诚之辩心的道德性而忽略了孔子描述的知觉之妙，吕子约又以知觉为道心而忽略了道德分辨。心自身的性格是知觉，所以孔子兼体用始终、真妄邪正，而以"惟心之谓与"统括之。心之价值则在道德意识，因此操之则为存、入、真心，舍之则为亡、出、人心。但人没有两心，知觉心与道德心不是两个，而是知觉的操舍决定了道德意识的有无。所以说"只是此心，但不存便亡，不亡便存，中间无空隙处。所以学者必汲汲于操存，而虽舜禹之间亦以精一为戒也"（178页）。所谓操存，自然是操存其本有者，非由外铄。笔者以为知觉与道德这种一而二、二而一的关系是朱子心说特出之处。牟宗三先生认为朱子的心是认知心，就朱子以心的本性为知觉而言是对的，但忽略了知觉与道德还有合一的一面，且知觉不仅是认识，还包括了实践的能力。这是笔者玩味本篇引文所做的一些补充。

《朱子哲学中"心"的概念》。本文讨论朱子哲学中的"心"是不是气。陈君指出《朱子语类》中只有一段肯定心与气的关系："心者气之精爽。"（186页）这"心"可以认为实际指的是心脏之心而言，并无哲学的意义。陈君指出"心"在朱子哲学中的主要意义之一是指"知觉"，如果探索其根源的话，是兼理气的，但"心"本身则不归结为"理"或者"气"。在人论方面，理气的方法只限于追溯意识情感的根源性分析，和人身的结构性分析。知觉神明之心是作为以知觉为特色的功能总体，而不是存在实体，故不能把对存在实体的形上学分析（理/气）运用于对功能总体的了解。在功能系统中质料的概念找不到它的适当地位（193—194页）。

笔者认为陈君将意识活动、功能系统从根源性、结构性分析区分出来，对朱子研究是个贡献。意识活动、功能系统是人的主体，当人反求诸己（而不是旁观自己）之时，看到的是整体，不是拆开的理或气，而且这整体是知觉，不但是认识主体，也是实践主体。陈君指出心的主要意思，并与结构分析脱钩，便于解释心统性情、人心道心等概念，可谓得到朱子论心的全貌，同时也不夸大知觉的作用，而维持朱子理性主义的原貌。但对于心这个功能整体，若探究其存在论根源，略过理而单言气，似乎还是合法的。朱子理气论就物的生成而言，理是随气而生的，例如《中庸章句》"天命之谓性"注："天以阴阳五行化生万物，气以成形，而理亦赋焉，犹命令也。于是人物之生，因各得其所赋之理以为健顺五常之德，所谓性也。"从生物而言，理寓于气中，因此健顺五常之德随阴阳五行而来。如果我们说心是气，并不害于随着气而有理。即如陈君引来说明心兼理气的一段话："凡人之能言语动作、思虑营为，皆气也，而理存焉。故发而为孝悌忠信仁义礼智，皆理也。"（188页）也可看出理是随气而来的。

朱子说："问：知觉是气之灵固如此，抑气为之邪？曰：不专是气，是先有知觉之理，理未知觉，气聚成形，理与气合，便能知觉。问：心之发处是气否？曰：也只是知觉。"陈君引此，认为朱子否定知觉为气，否定心之发处是气（190—191页）。笔者觉得这段话中，问者似是就朱子"能觉者气之灵"（187页）的说法来提问，朱子的回答颇似他解说一般事物的理气根源："疑气是依傍这理行，即此气之聚，则理亦在焉。"[1]也就是客观地说明知觉的根源。理使气流行，在存在论（本体论）上固然优先，但气成形后理才能赋于其中，在生成论（宇宙论）上反而居后。因此第一个问题中，朱子要表达的可能是：肯定知觉是气之灵，然而理寓于其中。也就是知觉的根源，说一半是气，说全了是理气，二者皆可。第二个问题是心是什么？朱子反而不就根源或构造回答，故谓心之发是知觉。由此回到最早的问题，笔者认为"心者气之精爽"的"心"指的是知觉而非心脏。

《儒学传统中的神秘主义》与《明嘉靖时期王学知识人的会讲活动》二篇，台湾学者杨儒宾、吕妙芬有类似的研究。二人皆引到陈君论文，但与其说二人闻陈君之风而起，不如说三人都在中国哲学研究国际化的氛围下各自发展[2]。然而陈文先出，正说明陈君思想活跃，有迅速掌握学术潮流的能力。关于理学家的神秘主义，杨儒宾与陈君引用的数据与解说都差不多，但目的则不同。杨君认为以证悟为中心的文化氛围是宋代以来国人精神史的核心部分，而心性主体必然含有本体宇宙论的向度。杨君的论述，有为宋明理学在康德、牟宗三道德哲学之外，另行发展一种诠释架构的用意[3]。陈君只是为在孟子与宋代已见到，而大盛于明代的神秘主义做一客观呈现。但陈君认为理性主义才是儒学的主导传统，他举出宋明时代理性主义者对神秘主义的批评，

---

〔1〕朱熹：《朱子语类》（台北：正中书局，1970年7月），卷1，页2下，13条。

〔2〕杨儒宾：《理学家与悟——从冥契主义的观点探讨》，载刘述先主编《第三届国际汉学会议论文集——中国思潮与外来文化》（台北："中央研究院"中国文哲研究所，2002年12月），页167—222。除此之外，杨君著作中涉及冥契主义（神秘主义）者不少，有《儒家身体观》（台北："中央研究院"中国文哲研究所，1996年11月），与多篇论文。吕妙芬：《阳明学士人社群——历史、思想与实践》（台北："中央研究院"近代史研究所，2003年4月）。此书前身系美国加州大学洛杉矶校区博士论文，经修订且又增加多篇论文而后成者。

〔3〕参看前注所引杨君论文，页220、221。

并指出要建立儒家的道德主体性与形而上学，不一定要诉诸神秘体验，熊十力哲学便以一种完全不依赖神秘体验的全新方式建立自己的本体论（329—336页）。笔者基本上赞成陈君。神秘主义在全部儒学传统中并不盛大，而且"体验"一词亦有歧义。即使我们肯定中国哲学中体验与证悟的重要，如熊十力以证悟为形上学的依据，以别于西方哲学的"戏论"，杨君并将之列入中国"体验形上学"的传统中[1]，仍应考虑陈君所言："神秘体验不过是人类体验中极端的一种。"体验与证悟不一定是神秘的，因此也不一定要和理性主义相违。

《明代的民间儒学与民间宗教——颜山农思想的特色》。笔者曾做过同样的研究[2]，取材与观点大略相同。但陈君之文仍给笔者两个启发，一是山农之学可和明代中后期的"世俗儒家伦理"（如蒙学、社学）潮流相联系，一是山农神秘体验的特色着重心之用，而不是心之体，强调的是神智的不尽的根源顿时开发，滚滚而来。这样说来，山农的体验功夫不属理学传统，却像现代一些受宗教影响而发展的"开发潜能"的功法。

《〈遗言录〉与〈传习录〉》《王阳明语录佚文与王阳明晚年思想》《〈遗言录〉〈稽山承语〉与王阳明语录佚文》《〈明儒学案〉所见阳明言行录佚文》《王龙溪、邹东廓等集所见王阳明言行录佚文辑录》。以上几篇是对王阳明语录佚文的辑佚与研究。陈君于1992年，因翻阅吉田公平新著《陆象山与王阳明》，发现其书中所用一条阳明语录从未见过，而此条注明引自《遗言录》，此书不见于大陆图书馆藏，是故颇为留意。探询之下，得到难波征男与吉田公平各赠一本，陈君据以写了《〈遗言录〉与〈传习录〉》，介绍《遗言录》有大量佚文的情况，并重加检讨《传习录》的形成史。该文于1993年在宁波大学浙东学术国际研讨会宣读，1994年刊出。而所辑出的佚文则以《〈遗言

---

〔1〕参看杨儒宾：《近代儒家思想史上的体用论》，"天人之际与人禽之辨——比较哲学研讨会"，香港中文大学，1997年12月。

〔2〕钟彩钧：《泰州学者颜山农的思想与讲学——儒学的民间化与宗教化》，《中国哲学》19辑（1998年9月），页22—44。

录〉〈稽山承语〉与王阳明语录佚文》为名，于1993年4月发表。此工作公诸学界之后，日本学者进一步对这些佚文做了详细的注释（1995－1998年），同时也引起了对日本保存而中国无存的阳明学文献的重新调查，因此而发现了部分佚文（647－649页）。

上面的引述可以看出陈君的眼光敏锐与效率惊人。1992年9月，陈君来台访问时，已得到《遗言录》《稽山承语》，并辑出佚文。当时笔者陪陈君参观"中央图书馆"善本室，陈君特别去翻阅《阳明先生文录》，并将其特色向笔者说了几句。1993年3月的浙东学术国际研讨会，笔者亦在场聆听了陈君的报告，然而虽有这两次机缘，却是听过就算，未留下深刻印象。1998年，因见日本学者水野实、永富青地对《遗言录》《稽山承语》的详细注释，才转载于该年9月出版的《中国文哲研究通讯》中。在整理的过程中因搜集资料，先是看到陈君的《〈遗言录〉〈稽山承语〉与王阳明语录佚文》，还误以为是陈君追随日本学者的脚步，不知日本学者实是受陈君影响；后来又发现收录二书的间东序《阳明先生文录》，在"中央图书馆"与"中央研究院"历史语言研究所、傅斯年图书馆原来各藏有一本，笔者不禁感到汗颜，真是所谓"抛却自家无尽藏，沿门持钵效贫儿"。

由于钱德洪编《传习录》，采取编教科书的态度，非精要不收，因此阳明语录有不少佚文。对这些佚文的汇整将是阳明学研究的重要基础工作，而陈君在这些基础建设的过程中实居倡导的地位。

以上，笔者仅就个人研究有关的部分略加评介，但已足以见出本书宽广的视野与多方的触角。本书除了知识上的创获外，在研究方法上也能带给读者许多启发。笔者期待在本书的开拓下，能出现更多、更好的宋明理学史的研究。

原载《孔子研究》2004年第2期

（钟彩钧，教授、台湾"中研院"中国文哲研究所原所长）

书评节选

郑开：追摹前诸子时代的逻各斯

——读陈来先生《古代思想文化的世界》书后

陈来先生的新作《古代思想文化的世界——春秋时代的宗教、伦理与社会思想》是此前出版的《古代宗教与伦理——儒家思想的根源》的姊妹篇。前者沿袭并深化了后者提供的宏深的理论分析框架和开阔的文化史研究方法，创造性地诠释了春秋即前诸子时代的思想史。

陈来先生《古代宗教与伦理》和《古代思想文化的世界》两著凿破了混沌，为前诸子时代的思想史研究投射了新的光明。《古代宗教与伦理》以恢宏的气度、宽广的视野和精辟的论证，将思想史传承的起点追溯至殷周之际，从而提供了理解一种前诸子哲学的思想史的理论框架和可能途径。在这部被称为"以哲学家的写法做古史研究"（张光直语）的著作里，陈来先生充分吸纳了西方哲学、宗教学和文化人类学的学术资源而不拘泥，创造性地阐释了古代中国思想的特征和发展模式。

陈来先生在梳理和叙说春秋思想史的时候，俨然有一种高屋建瓴的问题意识，那就是追溯儒家思想根源的自觉意识，那就是以思想史的形式阐述和把握中国古代文化的根本特征的学术抱负。也许，这就是张光直先生称他的著作是"以哲学家的写法做古史研究"的原因吧。

《古代思想文化的世界》的出版，可以说孤明先发，应运而生，尽管该书著述的因缘——如陈来先生自述——乃出于追溯儒家思想根源的强烈而自觉的问题意识，而这也是他持续深入思考中国文化问题的一个结果。陈先生的许多议论对于理解中国古代宗教的发展过程和特质来说，对于利用中国本土的历史经验建树自己的宗教学理论而言，都具有非常重要的学术意义。

陈来先生在研究前诸子时代的思想史时，追摹古代先民创造的文化模式和他们特有的精神气质，以问题而不是以人物、学派和范畴，将春秋时代的思想条理化为若干纲目，提挈这一时代的精神过程；同时也打破了孤芳自赏的思想史研究传统，丰富了中国哲学史和思想史研究的方法论。

陈来先生的《古代思想文化的世界》为我们提供了一种人文学者的视野和方法论的启迪，也为我们的思想史研究方法论提供了一个反思的契机。陈来先生和许多思想史研究者一样，有饮水思源地回到历史深处的冲动，追溯前诸子时代的精神过程；但不一样的是，他不仅追摹了前轴心时代的逻各斯，展现了春秋思想史的过程，而且开辟了一条理解中国文化之为中国文化、中国哲学之为中国哲学的可能途径。

原载《哲学门》第四卷，湖北教育出版社，2003年

杨柱才：新时期宋明理学研究的典范

——陈来宋明理学研究介述

从20世纪80年代初至今，陈来先后撰写了朱子哲学、王阳明哲学、王船山哲学的研究专著，并撰写了宋明理学的通论著作，其成就为国内外所仅见。陈来的宋明理学研究是新时期宋明理学研究的典范。

陈来先生的《朱子哲学研究》，是在"认真阅读了朱氏的全部著作和语录"（张岱年序）基础上的一部精心之作。对于此书的优异之处，陈荣捷先生尝言："叙述异常完备，分析异常详尽，考据异常精到。"此外，陈来先生在研究朱子哲学的过程中，撰成《朱子书信编年考证》，此书虽是一个副产品，然足见陈来功夫之深湛，因而深受学界重视。

《有无之境——王阳明哲学的精神》一书着眼于从理性主义到存在主义的转向来把握宋代理学到明代心学的演变，以比较分析的方法将阳明哲学的问题及精神境界放在现代世界哲学的视野中，做出深度开掘和现代语言阐述；而对于阳明哲学精神的把握，主要是通过将中国传统哲学和文化中的"有我之境"和"无我之境"论证和提升为一对具有普遍意义的范畴，来阐释阳明哲学有无合一的精神境界。故此，陈来此书在现有的阳明学研究当中，显得别开生面，新意迭出。

我们通读《诠释与重建——王船山的哲学精神》一书，可以看到，陈来对于船山著作所做的内在的深入解读和精到的融贯诠释是极具特色的，也是非常成功的，无疑可以作为当前"经典和诠释"研究的一个示范。陈来先生对于船山哲学的研究似乎事出偶然。然而，以陈来先生对于宋明理学的通体把握和深入研究来说，走到船山哲学这一步实在是理有必然，势所必至。而船山哲学研究的完成，则显示陈来先生的宋明理学研究已经跨过该领域的所有高峰，实现了对宋明理学的全面系统的理解。

就20世纪的宋明理学研究而言，以个人之力研究个别大家并撰著宋明理学的通论著作，且具极高的学术价值，在中国学界并不多见；而以个人之力研究所有的大家并撰写通论著作，且皆具极高的学术价值，无论国内国外，陈来先生而外，无有其匹。就研究的立意和进路而言，陈来先生始终胸怀全部中国哲学史，放眼世界哲学大局大势，致力于宋明理学的哲学智慧研究和精神境界发掘。而其所做的研究工作始终是以基本的史实和文献为基石，高度重视哲学思想的时空演进及拓展，始终强调立论根据的确凿务实，所取得的研究成果往往具有基础性的廓清意义和开拓性的建设意义。如果以20世纪80年代迄今为我国宋明理学研究的一个新的历史时期，那么陈来先生的宋明理学研究无疑是这个新时期的标志和典范，具有接续宋明理学和现代新儒学而又超越既往理学和儒学的新特点。凡此，足为我国学人的骄傲，亦足为后学的楷模。

原载《邯郸学院学报》2005年第2期

杨立华：诠释中的道说

——评陈来《诠释与重建——王船山的哲学精神》

在中国哲学史的诠释和研究中，一直存在着如何（或是否应当）借助西方哲学的框架及范畴概念阐发中国思想的问题。在这个问题上，陈来先生的态度一直是个案性的。如，在《朱熹哲学研究》中曾以"规律"说"理"，在《有无之境》中则以胡塞尔的意向性理论解释阳明"四句理"中心、意、知、物的关系。虽则如此，我们仍能在总体上看到他在此类尝试上的慎重。如果以"回避"强势的西方概念为标准，《诠释与重建》无疑是最为彻底也最为成功的。而尤为难能的是，本书在做到这一点的同时，仍成功地获致了我们通常需要借助西方哲学的概念才能获致的分析力量。

《诠释与重建》一书于船山思想创发极多，而其中最为重要的则是对《张子正蒙注》中关于"全生全归""不留不挠"等终极问题的思考的显扬。船山晚年思想归本于横渠。横渠以气之聚散论生死，从而建立起"存，吾顺事；没，吾宁也"的超达态度。船山依据"横渠之正学"，而进一步发挥：船山的生死——人道论有着实体的意义，这就是，一个人行为的善和恶不会随其死亡而消散无余，否则善恶的分别就没有意义了，一个人的善恶将影响到他死后的归宿，所以他主张要以"存神尽性"的修养，来保证死后"全而归之"于太虚。而"船山与张载的一大不同是，在张载，'散入无形，适得吾体；聚为有象，不失吾常'（《正蒙·太和》）是自然的，与人为无关的，描写的是自然生死聚散的循环过程。但在船山，则强调'适得吾体'和'不失吾常'都有人为的因素参与其中，这也是船山思想的要妙之处"。也就是说，"人若能尽心知性，才能做到张载所说的存顺没宁，死后便能够全归于太虚本体，不留下任何不善溷浊的杂滞之气影响两间的造化……如果不能尽心知性修养自己，就有可能造成恶浊之气而影响两间，自己也就不能全归本体。"由此，人世间行为的善恶，也就有了终极的价值。而这对于克服纵欲主义、虚无主义等倾向，进而体认到善对人生的根源性，都是极富意义的。对于船山的这一重要思想，此前的绝大多数船山研究者都未曾略及。前辈学人唐君毅、嵇文甫的研究于此虽有所涉，但均未能达到如此全面深入的领会。陈来先生之所以独能于此处见其大旨，恐与他本人的价值关切不无关联。换言之，这一核心洞见的揭示也许可以视为某种终极关怀上的共鸣的结果。这从侧面提示我们，真诚的价值关切也许可以成为深入且富洞见的诠释工作的引领者。

载《二十一世纪》2005年8月号，总第90期

彭国翔：为中国哲学研究建立典范

——评陈来《有无之境——王阳明哲学的精神》

就彻底摆脱1949年以来教条主义的影响而言，《有无之境》其实可以说是中国大陆1949年以后第一部真正学术意义上系统、深入研究王阳明哲学的著作。作者以"有无之境"来界定王阳明哲学的精神，实可谓得其"环中"。

对于王阳明文献的考订之功，自然是《有无之境》一书成功诠释王阳明哲学精神的基础。以深厚的文献功底为基础，在国际视野的观照下，广泛借助西方哲学的理论资源进行细致入微的思想分析，《有无之境》成功地将王阳明哲学精神的丰富内蕴揭示无遗，成为王阳明哲学研究的一部杰作，是可想而知的。

《有无之境》一个重要方面，同时在笔者看来也是20世纪90年代以来中

国大陆中国哲学研究一个重要发展方向的率先反映，则是在分析王阳明哲学精神的具体方面时，作者引入了大量西方哲学的概念、命题和理论作为诠释的资源，从而使王阳明哲学的一些具有普遍性的内涵在一个更为广阔的中西比较和对话的思想脉络中获得了进一步的展示，在一些具体的分析和讨论上使得《有无之境》具有了某种比较哲学的特征。在引用西方哲学的若干观念来诠释王阳明哲学时，作者所做的其实是一种"双向互诠"而非"单向格义"的深度对话性的工作。

除了广泛深入地借助西方哲学作为诠释的理论资源之外，《有无之境》的特点之一，是作者在书中所显示的开阔的国际视野。这一点，大概同样与作者1986到1988年的哈佛访学经验密切相关。如果说缜密的辨名析理在一定意义上未必依赖西方哲学训练的话，那么，国际视野的具备则一定离不开对于海内外相关研究成果的充分掌握。

《有无之境》的写作固然有良好的海外研究经验作为具备国际视野的条件，但作者自己对此的自觉或许更为关键。如果考虑到《有无之境》完成于1988年秋到1990年春，作者在中国哲学研究的国际视野方面，可以说更是早早着了先鞭，成为中国同行学者中国际化的"先行者"。《有无之境》在这一方面成为其他及后辈学人的楷模，也是不言而喻的。

作为该书的典范意义，决不仅仅适用于王阳明哲学研究，在整个中国哲学的研究范围内都有其普遍的有效性。对于如何以深厚的文献功底为基础、在国际视野的观照下充分吸收西学来诠释和建构中国哲学，陈来先生的《有无之境》恰恰为我们提供了极佳的例证。正是在这个意义上，我们说《有无之境》为中国哲学的研究建立了典范。

原载《哲学门》（总第13辑）第7卷，北京大学出版社，2006年

方旭东：新道学开山之作

——评《仁学本体论》

本书是论不是史，作者是在铺陈自己的哲学，而非直述思想史。说到底，仁学本体论不是历史中的现成品，甚至，作为全书基石的"仁体"（即作为本体/实体的仁）概念，也是经作者点化之后才获得了如此的重要性，就像"穷理"一语虽是《易传》固有，但要没有宋儒开发，它在中国哲学上决不会变得那样显赫。平心而论，中国思想史上，有仁说、仁学，却并无一专门的仁学本体论。本书最引人注目，同时，依笔者看，也是最有可能对未来哲学做出重要贡献的，无疑是其对"仁体"的肯定与发扬。

作为哲学史家的陈来与作为哲学家的陈来不是分裂的，而是统一的。这种统一在本书的写作方式上得到充分体现。全书12章，除了最后一章"仁统四德"，论说的成分较多，前面11章都充分贯彻了以史带论、史论结合的风格。透过本书，读者对中国哲学（尤其是儒学）的仁学本体论发展，会形成一个极为清晰的印象。本书为学界贡献了一份迄今最为完整的儒家仁说谱系。但本书不是一部儒家仁学简史，作者对儒学史上有关仁学讨论的叙述与分析，是为其仁学本体论的建构而服务的。

单从本书标题就可以看出，作者是立意要用"仁本体"去回应李泽厚平生最为自负的"情本体"之说。如果考虑到作者长期从事儒家哲学研究，对于古代、近世和现代儒学，都写过不止一本专著，是世界公认的宋明理学权威，那么，此书无论在接续中国思想传统还是在开创中国哲学未来方面，比起李泽厚那两本相对通俗的小册子，都让人有理由给予更多期待。此书在陈来教授个人的著述史上亦有其特殊意义。如果说，此前他作为一流哲学史家的名声或多或少遮蔽了他作为一位中国当代重要的哲学家这一事实，那么，此书问世之后，这个情况将会大大改观。因为它明确提出了一种本体理论，借此，作者将无可争议地跻身于由熊十力、李泽厚这些名字所组成的为数不多的那个哲学家群体。

作者本人主观上是想通过本书积极加入中国当代文化的建设当中。本书客观上已为当代中国的道德重建提供了一份纲领性的文献。如果说本书前11章都可以归为基础研究，那么，最后一章"仁统四德"则包含了可以直接应用于实践的方针大计。仁统仁爱、自由、平等、公正，"仁统新四德"的提出，表明仁学本体论非但没有回避反而卓有成效地处理了仁与现代社会所需要的其他社会价值和道德价值的关系。仁学本体论的提出，不止是为了重建现代儒家形而上学复兴儒学的需要，根本上，是为了应对今日中国与世界的道德迷乱，重建社会和人的道德，这一"大事因缘"而来。本书不应当只被看作一本学究之作，而应当被看成历代大儒论对（典型如董仲舒《天人三策》）那样的治世之书。

原载《哲学门》（总第31辑）第16卷，北京大学出版社，2015年

访谈

价值儒学：接着新理学的新儒学

——陈来先生儒学思想访谈录

【摘要】20世纪80年代以来，陈来先生积极参与了文化儒学的现实实践活动，他认为在多元现代化世界，儒学应积极发挥其价值理性的优势，借鉴汉唐儒学的发展经验，关注社会的现实问题和人们的精神生活；他在人权、伦理、生态、全球化等问题上基于儒家思想所做出的思考，如仁体和用、道德的生态观、道德的政治学、多元普遍性价值等思想，体现了当代大陆儒学的生命力，有力推动了儒学和中华文化的新生，为社会现实问题的解决贡献了基于儒学价值的思想和智慧。

大学体制与儒学研究

文化儒学是我另一条没有断过的主线

奎凤：作为当今国内乃至世界上儒学研究最有声望的权威学者之一，我觉得您的儒学研究可以分为两部分，一是作为学术的儒学，另外就是作为文化的儒学。大家对您在学术儒学方面的卓越成就都很佩服，常常将您的大作引为经典。但对您在文化儒学研究方面的努力，或者说对您本身的儒学思想，外界似乎了解得还很不够。以至于前些年有些年轻后学，认为您对儒学只是"有同情的了解"，甚至认为您只是把儒学进行逻辑化、知识化，采取的是知识梳理的路子。我觉得他们对您有严重的误解。不知您对此怎么看？

陈来： 这是不了解历史，或者说遮蔽了历史。从1987年开始，我所做的工作有许多方面，即使就儒学的学术研究来讲，也不是把儒学知识化、逻辑化。我写王阳明是从存在的角度来讲，不是从逻辑，更不是知识的角度。我前年在凤凰卫视做节目就讲当代有三种在场的儒学，即学术儒学、文化儒学和民间儒学。学术儒学当然是我自己文化活动的重要方面，因为我写了这么多学术著作。同时，在学术研究以外，1987年以来我也连续不断地投入对儒学另一个方面的参与，即文化儒学的参与。所以，如你所说，就文化儒学来讲，这也是我另一条没有断过的主线，是我一直以来的重要工作。

现代儒者要有文化的、道德的关怀，也要有儒学学养的基础

奎凤： 您说有三种在场的儒学，即学术儒学、文化儒学和民间儒学。我们看到，从20世纪80年代以来，也就是说您在学术界一出场就有着坚定的儒家文化价值立场，而且对儒学发展有总体的关照。您的活动领域主要在学术儒学和文化儒学，但对真正意义上的民间儒学，您也一直给予热情地肯定和赞扬。现在有些年轻学者，常常攻击大学体制内教书、研究儒学的学者，认为他们不能算新儒家。那么，您是如何看待大学作为一种现代学术体制对儒学发展的意义？

陈来： 这个我在《20世纪的儒学研究与儒学发展》一文中曾有详细讨论。我认为大学在现代可以作为儒家哲学生存的基地之一，这是不必有什么疑问的。20世纪大部分现代新儒家，他们为儒学发展所做的工作大部分都是在大学体制内完成的，特别是大学哲学系。即使是最倾向于学院外休制的现代新儒家梁漱溟和熊十力，他们的名著《东西文化及其哲学》和《新唯识论》也都

是在任教北京大学哲学系时期完成的。现代大学是以知识性的研究和教育为主，这和儒学的教育方向确实不完全相同。但今天的知识分子，只有对两千多年来的儒学，包括它和社会、制度的互动，进行深入细致的研究，才能真正了解这一伟大的传统及其弊病，才能对中国文化的未来发展有真正的文化自觉，也才能回应世界范围内儒学研究的挑战。大学和研究院所的青年学人正应当对此承担起更多的责任，才能无愧于这个前所未有的时代。对于儒学的发展来说，这个时代真正需要的，无论在学术上还是实践上，是沉实严谨的努力，而不是汲汲于造势和喧哗。要成为现代儒者，既要有文化的、道德的关怀，也要有一定的儒学学养的基础。因此，不能讲在大学里面教书、研究儒学就不是儒家，只有提出几个口号，才算新儒家。如果说做社区教化的民间儒学，批评一下大学儒学研究的不足，还可以接受的话，那么，有的同志本身在大学或科研院所工作，不好好做儒学的学问，还要为自己找说辞，批评认真研究儒学的工作是把儒学知识化、逻辑化，这是可笑的，也是不可取的。学术儒学是儒学发展的一个重要方面，反智主义的讲法其实是有害的。

应该说年轻学者认同儒学是好现象，这些人对儒学价值认同感很强，这是好事。但是如果是为了标榜自己，从而遮蔽现代儒学研究发展、传播的现状，这就会出现弊病。他们有一个观点，认为在重点大学的中国哲学学科里的学者，只是把儒学知识化、逻辑化。这种说法带有反智主义的特色，也是宗派主义的。儒学在当代的发展，要团结和肯定各个方面的文化力量。

文化保守主义论衡

最早肯定了文化保守主义、民族文化的主体性

奎凤：我们看到20世纪80年代以来，在每个时代的关键时刻，您始终站在时代文化的中心，来代表儒学和中国文化的立场，回应各方面的批评和挑战，因此，可以说文化儒学一直是您学术活动的一个重要方面。回顾您的儒

学思想，我觉得您1987年参加菲律宾马尼拉"新时代的中国"国际讨论会所提交的论文《中国近代思想的回顾与前瞻》非常重要，在文章里您对文化保守主义做了肯定，这在当时反传统盛行的时代是很不容易的。在您今天看来，这篇文章有什么意义？

陈来：你说的没错，1987年我在马尼拉开始讲文化保守主义的问题。那篇文章最重要的一点是，最早提出了对文化保守主义的肯定。我当时认为，从"五四"那个时代，甚至更早，一直到20世纪80年代中期，思想文化界有一个基本的线索，一方面是根于深厚的文化传统和体验的文化保守主义，另外一方面是出于对现代化的急迫的关切所产生的反传统思潮，这两个方面的起伏交叉构成近代思想的基本格局。从国内来讲，对文化保守主义最早的一个肯定，就是那篇文章。当然，除了文化保守主义，我还讲到文化民族主义的观点，也肯定了民族文化的主体性。我认为中国文化以及它的各种人格的体现，因为有长久的历史，所以它不会轻易向外来的文化压迫屈服。即使是和平交流、文化交融，消化吸收也要有一段很长的时间，不会轻易向外来文化屈服，不会轻易放弃文化的主体性。这里面就包含有文化民族主义的问题。这篇文章的重要一点就是最早肯定了文化保守主义、文化民族主义以及民族文化的主体性。

我的文化观是保守的，也是开放的、批判的

奎凤：20世纪90年代中期以后，一些青年学人开始提倡文化保守主义。其实您早在20世纪80年代就肯定了文化保守主义。80年代后期，在很多人眼里，传统和现代似乎势不两立。您当时站在文化保守主义的立场，认为传统与现代的紧张是不必要的。那么您的文化观有着怎样的一种复杂性？

陈来：1989年初我写的纪念"五四"那篇长文（《化解传统与现代的紧张——"五四"文化思潮的反思》），全文在香港发表，其中最核心的部分在《读书》1989年第5期发表，那里面突出讲到文化保守主义和激进功利主义，

认为这是"五四"时期文化思潮的基本对立。这篇文章对文化保守主义做了进一步论述和肯定。后来的《20世纪文化运动的激进主义》，以及我在1997年广西师范大学出版社出的《人文主义的视界》一书序言中，也论述了文化保守主义的问题。《人文主义视界》本来的名字叫《文化激进主义批判》。当然，其中我也说文化保守主义这个概念有它的局限性，我的文化观就传统文化来讲，是保守主义的，但这只是我的文化观的一个方面；全面来讲，我的文化观既是开放的，也是批判的，同时也是保守的。丹尼尔·贝尔就曾讲他在政治上是自由主义，在经济上是社会主义，在文化上是保守主义。一个人的思想可以是三种主义结合的结构，他的立场不一定是单一的。就我来讲，文化观也不是单一的，不仅仅是保守主义，还包含着对外来文化的开放性，也包含着对文化的批判性思考。所以我不倾向于用一个简单的文化保守主义的标签来定位自己。

文化保守主义是被动回应

奎凤：对于文化激进主义和文化保守主义，后来您也经常用"反传统"和"反反传统"来指称，名称的变化背后有什么意味呢？

陈来：应该说，从1987到1997年，关于文化保守主义，我讲了很多次，在那个时期，对文化保守主义做了肯定。而我对文化保守主义的肯定，始终跟对文化激进主义的批判连在一起。1993年在《东方》杂志发表的《20世纪文化运动中的激进主义》，是我1991年在夏威夷文化讨论会上的论文，更是集中批判了20世纪的文化激进主义，对"五四"以来的文化激进主义，从学理上做了分析，认为整个近代以来思想的主线就是这两个——文化保守主义和激进主义的紧张。对于这个概念，后来在1997年，我也用了反传统主义和反反传统主义来刻画，主要是要凸显二者关系的主动性和被动性，就是先有"反传统"，才有"反反传统"的回应。不是因为我们主动去挑战，而是因为新派全面彻底攻击中国文化太过分了，才有了"反反传统"的回应。这主要是着眼于处理跟改革派的关系。比如梁漱溟，在社会改革方面本来和新派是一致的，但是改革派彻底否定传统文化，拼命攻击中国文化，这才引起了文化上的争论。所以要指出文化保守主义是被动的回应，不是主动找事。在政治上文化保守主义与改革没有分歧，中国的现代化，包括民主和科学，大家都赞成。但是如此攻击中国文化，就不能不给予明确的回应。

文化观是现代儒学思想的基础

奎凤：我们看到您的很多儒学思想，都有着一定的文化观作为背景，能否说文化观是您儒学思想的基础？

陈来：是可以这样讲。20世纪90年代初，已经有人讲我是文化保守主义的代表，其实我在80年代那几篇文章里面已经公开这样讲了。当我们讲儒学思想的时候，要看到现代儒学思想有个文化观作为基础，所以要先讲文化观的问题，这也就是传统与现代的问题，这两个东西是联系在一起的。包括当代新儒家，比如唐君毅，如果他没有花果飘零的文化意识，没有这样的文化观，就没有为儒家文化发扬光大而努力的动力。可以说，文化观是儒学思想的基础，甚至文化观里已经预设了对儒学价值的肯定，虽然明面上没有直接讨论到儒学的问题。了解我的儒学思想，也必须了解我的文化观。

文化激进主义不了解价值理性在人类文明发展史上的连续性

奎凤：在您看来，"五四"新文化运动的偏差在哪？

陈来：新文化运动的一个基本偏差，就是用狭隘的功利主义作为标准来判断文化的价值。什么意思呢？就是一切跟富国强兵有关系的价值都要肯定，反之，一切跟富国强兵没有直接关系的都要否定。比如和平、宽容，对富国强兵没有意义，就要否定。这都是陈独秀那时的观点，这都是狭隘的功利主义。后来，换了一种形式，就是对文化的批判，要以科学、民主作为标准。包括毛泽东《新民主主义论》讲"科学的""民主的""大众的"，这也跟"五四"思潮有联系。看起来"科学""民主"很好，但"科学""民主"不能够用来判断文化价值的标准。很多东西跟科学、民主没有关系，甚至于和科学民主有某种紧张对立的价值，都不能简单地排斥。比如说历史上很多文化，如唐诗、宋词，和科学民主无关，但它有审美的、艺术的价值。科学、民主不是用来评判一切的标准。最明显的是宗教，和科学对立，但宗教是自古以来的人类的需要。所以不能用科学、民主来简单地判断一切，"五四"文化激进主义从学理上讲是站不住脚的。从根本上来讲，文化激进主义的重要偏差还在于不能了解价值理性在人类文明发展史上的连续性。我们要揭露文化激进主义在学理上的要害，谋求化解传统与现代的紧张。这些文化讨论表面上和儒家没有直接联系，其实都有关系。

"东西古今"的问题，本质上是价值理性和工具理性的关系问题

奎凤：我觉得韦伯的思想，特别是他的有关工具理性和价值理性的讨论，对您影响很大。后来您讨论文化观时经常从价值理性的角度来展开对激进功利主义的批判，您对儒学思想的阐发也多从价值理性的角度来展开。看来，您从韦伯那里找到了非常有力的思想武器来维护传统文化的价值，来批判激进功利主义？

陈来：一定意义上，可以这么来讲。20世纪80年代后期大家都认为"东西古今"是"五四"以来的文化讨论的焦点，我的那篇文章《东西古今：价值理性与工具理性》，最根本的把握就是认为"东西古今"的问题其实本质上就是价值理性和工具理性的关系问题。这一点别人以前没讲过。什么意思呢？就是价值理性并不仅仅是跟"今"对立的"古"，也不是跟"新"对立的"旧"，而是人类文明从古到今始终需要的东西。其中最重要的是道德价值和生存意义。所谓的文化保守主义，它的要点不是要不要近代化，也不是要不要工具理性的发展，根本上是要维护价值理性，认为这在近现代社会是必须的。人类从文明时代以来，就形成了超越特殊历史时代的普遍性伦理价

值，各个民族都有它的传统的基本的价值体系。

1988年在新加坡"儒学发展的问题及其前景"国际研讨会上，我提交的那篇论文《多元文化结构中的儒学及其定位》，其中的一个特色就是用韦伯的理论来还击西化主义者。韦伯的思想是二战以来西方世界最流行的理论学说，用他的理论，"以其人之道，还治其人之身"，来解开儒家伦理受批评的死结。以前我们没找到这么恰当的论据，来强有力地捍卫儒家。从韦伯的价值理性，我们找到了一个支点。韦伯虽然指出现代化是工具理性的强势发展，但他非常重视价值理性，他有悲观主义，认为在现代社会随着工具理性的膨胀，价值理性受到抑制，这是他不愿意看到的局面。他的两种理性的理论可以帮助我们来解开儒家伦理备受批判的死结，来抗拒文化激进主义。

在我的文化批判活动中，重要的方面就是反抗激进。那个时代，我作为文化保守主义的一个代表，一直在抗拒激进功利主义。所以，在新加坡开会的第一天早上，包遵信就说："你的文章是针对我的。"包遵信是当时文化激进主义的代表，后来我跟他北京大学的也有过辩论。1988年到1989年，激进主义反传统达到高潮，那时北京大学的学生中包遵信的拥护者很多。所以，可以说很早我就站在文化论争的中心，以反抗激进作为我的姿态，与反传统派进行辩论。文化保守主义要讲出学理，讲出对方的理论矛盾，阐述自己正面的主张。价值理性和工具理性的概念，为我们提供了一个非常有力的思想支点。这样儒家在世界学术界来讲，就有了具有普遍意义的站得住脚的理论基点。今天大家对"工具理性""价值理性"都耳熟能详，但那个时候，我以此来为传统文化说话，还是很少有人这样讲的。

作为文化的儒教与现代化

现代化是儒学复兴的最重要条件

奎凤：您在1987年就说："一旦中国实现了现代化，儒家传统的再发展一定会到来，到时，浮面的反传统思潮将会消失，代之而起的必然是植根于深厚民族传统的文化复兴。"可以说，今天中国的发展似乎正在一步步验证您25年前的这句话。您当时是凭直觉还是一种文化自信做出这么有力而坚定的预见？

陈来：应该说都有，洞见是不需要论证的。近代以来最大的挑战就是现代化的挑战，而一旦中国现代化成功后，儒学一定会复兴。或者说，现代化是儒学复兴的最重要的条件。近代以来，现代化问题太大，"五四"对儒家的批判是基于近代化对传统的挑战，到20世纪80年代，现代化问题成了儒学碰到的最大的问题。现代化所带来的经济、政治、文化等方面的挑战，是儒学近代以来造成困境的根源。所以，只有全面回应这些挑战，儒学才能站稳自己的脚跟，才能谋求新的发展。所以，在走向现代化过程中，儒学和现代化的问题始终是一个重要的问题。在20世纪80年代和90年代前期，我的很多提法都是围绕儒学遭遇现代化的挑战所做的思考和回应。

儒学提供与现代化改革相补充的人文主义精神

奎凤：您是怎样看待儒学和改革问题的？

陈来：我在1987年写的《中国近代思想的回顾与前瞻》针对的就是当时的改革问题。本来改革开放是一切向前看，团结一致，不纠结历史，齐心搞"四化"。但那时有些理论家居然提出"一切向钱看"的口号，向人民币看，这些都是我们的理论家陷入迷茫的表现。怎么能一切向钱看呢？有些东西要向钱看，但不能什么都向钱看。经济核算，必要的向钱看是需要的。但是人生理想，就是向钱看吗？一个社会最高的价值，就是向钱看吗？我们的理论家当时居然能提出这样的口号。我那时就强调，"一切向钱看"，永远不会成为一个伟大民族的精神传统。

儒学在现代化和改革过程中的作用，不是为改革提出具体设计，而是提出跟改革相互补充的人文主义的世界观。我从哲学方法论上，对一元论做了反驳。儒家的任务或功能，不是直接推动改革，而是提供和现代化改革相补充的一种人文主义精神，来引导人的一般精神方向。只有破除改革一元论，才能确定儒学在改革时代的角色。儒学不是不支持改革，但它有它的特点。光有改革不行，还要有价值和精神的补充，需要一种人文主义的世界观来引导中国人的一般精神方向。

优先恢复作为社会文化和生活伦理的儒学

奎凤：在您看来，儒学在这个时代怎么样才能有效地恢复自己的生命？

陈来：我始终有个观点，就是主张优先恢复作为社会文化和生活伦理的儒学。你可以叫社会文化的儒学，或者生活伦理的儒学。这个时代的儒学，处在社会改革转型时期，应该参考汉唐儒学的历史发展，就是说不是要求一个高度思辨的哲学运动，重要的是儒家伦理能跟新的社会制度、新的社会环境配合起来。有些问题是在任何时代都有需要面对回答的，如人生的意义、价值和社会伦理。通过对这类问题的回答和解决，儒学找到适当的形式，使自己成为社会生活不可缺少的重要组成部分。哪些方面呢？主要就是人生价值、社会伦理。所以，我那时特别强调，离开时代的要求写一本思辨的哲学著作，这对儒学的发展意义可能并不大。儒家伦理怎么能和新的社会制度、社会环境相配合，来回答人生的价值、人生的意义和社会伦理问题，这才是根本性的。能提供这些东西，就能使儒家成为不可缺少的社会组成部分。所以我那个时候就主张优先恢复作为社会生活伦理的儒学。

最需要的是作为文化的儒教

奎凤：我很认同您的这个说法。过去宋儒特别瞧不起汉儒，认为儒家的道统在汉唐是架空而过。我觉得比较有意思的是，您是研究宋儒出身的，但您认为儒学的当代发展要参考、借鉴汉儒的精神。能不能说您认为我们现在最需要的是作为文化的儒教？

陈来：在一定程度上是这样。1995年，我就区分了作为哲学的儒学和作为文化的儒教。过去讲儒家文化花果飘零，儒学消散了。但就20世纪来讲，就哲学来讲，儒家哲学是相当活跃的，比如梁漱溟、熊十力、冯友兰、唐君毅、牟宗三等，一百年内出现这些大的思想家，这在历史上是不多见的。所以就哲学思想来讲，你不能讲儒学死了，或处境很悲惨。我们讲真正儒家的衰落，主要是就世俗社会文化的层面。哲学的儒学是学术儒学，而作为文化的儒教，包括社会化、制度化、世俗化这些存在的整合形态，包括社会各个方面的一些基本建制和一些基础文化，这就是我所讲的作为文化的儒教。如私塾、书院等，20世纪90年代还没有，今天已纷纷出现了。

为什么要强调作为生活伦理的儒学？因为20世纪并不缺少儒家哲学的形而上建构，现在最重要的是怎么能够恢复作为生活伦理的儒学来影响大众和社会。当然，作为文化的儒教今天已经不可能完全恢复，但可以部分或改良地恢复，如祠堂、私塾、书院的恢复在今天是有其积极意义的。这些年社会上道德滑坡、价值迷失，并不是因为少了几个哲学家，而是因为少了作为儒教的文化基础。一个人孤立地写一本儒家哲学的书，在今天不能解决这个时代的问题，不能处在时代文化的中心。恢复作为生活伦理的儒学，今天仍然是最迫切的任务。

站在时代的前沿和时代文化的中心，是我在文化上一贯的态度和立场。到20世纪90年代还是这样，1993年，《人民日报》刊发了《国学，在燕园悄然兴起》一文，社会上当时反对的声音很多，但国学界的重量级学者没有人出来回应社会的批评和责难。1994年，只有我写了那篇发在《东方》杂志上的《90年代步履维艰的国学研究》，回应了各种对国学的批评和挑战，仍然是站在时代的前沿。文化的儒学功能非常广大，没有这些文化的儒学作为基础，就很难和反传统知识分子展开有力的交锋，来声张儒学的学理。要和自由派、教条派的反传统主义进行理论上的论辩，不能回避他们的锋芒，要有针对性地指出问题在哪，这是这个时代儒学必须要做的事。

多元现代文化结构中的儒学及其定位

"泛道德主义"问题

奎凤：曾经有人用"泛道德主义"来批评儒家，对此，您是如何看的？

陈来：这个问题我在1988年写的《多元文化结构中的儒学及其定位》中有过回应，当然这篇文章重要的一个方面是针对包遵信的，同时也是针对韦政通、傅伟勋的。他们认为以"伦理本位主义"为主要特色的儒家思想，不仅在历史上抑制了中国文化的发展，阻碍了中国近代化的历程，而且在当今社会发展中仍是政治、经济、法制进步与改革的主要障碍，由此主张"彻底打破"儒家伦理中心主义的价值系统是实现现代化的基本前提。我当时就力求从理论上化解掉自由派现代化论者对儒学的责难，或者说把他们的攻击给挡回去，指出他们责难的不合理。从这个角度来讲，那篇文章有其重要性。首先是提出一种多元结构，他们说儒家是泛道德主义，看似有道理。其实，"泛道德主义"是中古社会文化的综合效应，不是一家一派的一厢情愿所能达成的。就是说"泛道德主义"不应仅指儒家的价值取向，而且更指儒学在中国文化历史发展中的实际功能和效果。墨家也想把自己泛化为中国文化的特色，但怎么就没有成功呢？因此，一种思想在某一种文化中发生的功能效果，是和整个文化的结构与该思想体系由结构所决定的整个文化体系的地位必然联系在一起的。

现代文化需要多元文化要素的合成

奎凤：曾有人主张要改造儒学，以包容或开出科学与民主的新体系，您对此如何看？

陈来：1988年我就指出，儒学和现代文化的关系，需要我们从多元文化结构论的角度来看。现代文化需要多元文化要素的合成，其综合的结构和指向，以确保其指向一个平衡的、理想的方向。但不能强求系统的每一个因素都要同一个指向。西化派就是这样，强求系统的每一个要素都指向现代化。另外，这种一元论总是设想有个一元化的思想提供给我们所需要的一切价值。所以，他们常常责难儒学：儒学能富国强兵吗？能加强法制吗？能发展高科技吗？这种一元论就导致全面改造儒学的设想。儒学必须能发展出科学、民主，傅伟勋的想法就是这样。一元化思维对儒学的责难，由此发展出全盘改造儒学的计划，其实这样的主张是不成立的。应该说我当时的反驳是有力的：我们可曾向佛教要求浮士德精神，向神道要求民主理论，向印度教要求个性解放，向天主教要求科学认识论与方法论？杜维明当时觉得这些反问很有力，对处理儒学文化论争非常有利。以前是没有人这么提问的，一般人都觉得傅伟勋讲得很有道理。

要调整中国文化的结构，不是要彻底改变儒学的性格

奎凤：那么，按照您当时的多元文化结构的设想，儒学困境的出路是什么？

陈来：我们要反对一元论的社会文化思维，在谋求多元文化结构中，来化解对儒学的各种责难。按照多元文化结构设想，儒学困境的出路，不是把儒学完全变成近代启蒙思想，而是要调整中国文化的结构。不是要彻底改变儒学的性格，更不能走打倒儒学的路子。这个思路不是就儒学自身来讲儒学发展的途径，而是在多元文化结构中来综合设计儒学的定位、角色和发展，用这个来化解、消解自由主义对儒学的各种批判。应该说，这种思路理论上是自洽的。为什么要所有的元素都一样？只要我们合成的结果是平衡的，其指向是合理的就行了。有时就是需要一种合理的紧张，才能保持总体的良性发展。

在新加坡的那次会上，我用多元结构论回应了全面改造论，这是海内外华人学者第一次讨论儒学与现代的问题。我当时想，对于这些代表性的批评家要有回应，要能化解掉对儒学的这些批判。傅伟勋说的是一种可能的现代出路，我讲的同样是一个可能的现代出路，而这个出路里面不需要打倒儒学或改造儒学。针对当时最有代表性的对儒学的批评，应该说我给出了合理的坚决的回应，也得到了与会台湾学者的认同。当然我的这个设计不是做现实的设计，我只是说从理论上有这么个出路，而这种设计的方案完全可以化解他们对儒学的批评。现代文化要有各种要素，当然包括现代化的、政治民主的、科学的，但没必要全面改造儒学，而是要让儒学和现代性要素有合理的互动，这一点是一元化的思维所不能理解的。西方近代以来还有宗教呢，也不光是科学民主。

儒家伦理可以同化资本主义

奎凤：马克思认为物质经济对精神文化有决定性影响，而韦伯比较强调精神力量对经济发展的影响，他认为新教伦理是推动资本主义发展的重要动力。近代中国虽然没有产生资本主义，但工业东亚的崛起是否也可以从一定层面表明儒家伦理对同化、学习初级阶段的资本主义也有着积极的推动作用？

陈来：我想这个是有的。原来讲韦伯的学者，只是用韦伯来批评儒家，责难儒家社会为什么没能产生资本主义。其实，这是个历史问题，历史已经过去了，没能产生就是没能产生。但是在中国当代面对的问题，已经不是产生的问题了。日本文化也没有产生资本主义，但日本学习、同化、模拟现代化的能力很强，实现了现代化。所以产生与模拟是两个层面的问题。劳思光在1988年新加坡会上也提出了这个问题，说明他有哲学家的睿见。

我的特点是说，这个讲法其实韦伯自己就讲了，他用的就是"产生与同化"，他认为，中国没产生资本主义不奇怪，但中国同化、学习资本主义的能力可能会比日本更强。历史的问题，不是实践中碰到的问题，那是历史学家要回答的问题。所以，我的贡献是，用韦伯自己的讲法，韦伯自己对产生与同化的区分，来说明一个文化不能自发地产生资本主义，并不等于它没有模拟、学习和同化资本主义的能力。

所以，从逻辑上讲，不能产生不等于不能学习。日本就是一个最明显的例子，日本也没产生资本主义，但学习现代化很快。所以，中国文化传统虽然没有自发地把中国社会引导到资本主义或现代化，但不等于说中国文化的传统就不能够模拟、学习、同化现有的现代经济制度、现代企业制度、现代政治制度，不等于说一定跟模拟、同化、学习资本主义的过程是矛盾的。这也是传统与现代的关系的一个方面。

比起"五四"时代，二十世纪八九十年代有个很好的有利条件，就是亚洲"四小龙"和港台现代经济的崛起，可以看出，儒家文化地区没有一个是先打倒儒家文化才实现现代化的。中国香港、中国台湾地区，以及韩国、新加坡等国家现代化的成功，证明了在中国文化熏陶中成长的社会是可以很好地实现现代化的，所以，所有文化的自卑感都是不正确的。

工业东亚现代化的成功证明在儒家文化熏陶中的社会和中华文化对现代化的适应能力是没有问题的。我在1992年有篇文章叫《儒家伦理与中国现代化》，主要就是揭示了儒家伦理对同化资本主义初级阶段的贡献，肯定了家族伦理对香港、台湾等资本主义发展初期阶段起了作用。可见，儒家伦理跟现代资本主义不能说是冲突的。当然这里主要是就世俗化的儒家伦理，对于同化资本主义初期阶段都发生了正面的推动作用而言的。

儒学价值对现代化的调节

奎凤：那么，儒家伦理除了对同化资本主义初期阶段有正面的推动作用，它在现代社会还有什么更为重要的意义？

陈来：尽管我们说世俗化儒家伦理对于同化资本主义有推动作用，但儒家的价值并不仅仅是这些。能不能推动资本主义或经济发展，这还是一个在功利主义坐标中的判断。儒学的主要功能不能说是仅仅在于促进经济发展。儒学的必要性在哪里呢？"四小龙"、日本，包括我们正在发展的市场经济，在一个发达的现代市场经济里头，所带来的商业化的普遍趋势使得这个社会的道德规范和精神文明的要求比以往更加凸显。在大锅饭的时代，这个问题反而不凸显。所以儒家对现代化的价值和意义，不是仅仅从功利主义坐标来看，最重要的是市场经济、功利主义在商业化盛行的时代，需要一个价值体系对社会总体上加以约束和调节。

传统价值的继承和转化，会对现代化建设产生正面的作用。但现代化并不仅仅是财富增长、GDP增长就行了。所以，我们讲的现代化，是经过人文反思的现代化。在这样一个现代化的社会里面，人的价值关怀、价值理想、人生意义、社会交往，都要被重新给予更大的关注。从这种关注出发会看到，儒家文化的继承和转化，对中国的现代化有重要的意义。从1992年开始，我的这个思路很明确，一方面指出了儒家伦理对同化资本主义的推动作用，更重要的是指出了儒家的价值体系对现代化的重要调节，传统价值的继承和转化能满足人的终极关怀的需要。前面说我很重视生活伦理的儒学，后来很少用，而价值体系的儒学用得越来越多。在这个意义上，我所强调的儒学可以说是一个价值的儒学。这个价值儒学包括共同体的伦理和个人美德，共同体的伦理主要指社会文化和生活伦理。

儒学价值在现代社会如何恢复

现代性与道德性的分裂

奎凤：百年来，不断受到沉重打击和压制的儒学，为什么其呼声一直不断？

陈来：从康梁到"五四"，一直到20世纪80年代，儒学确实是不断遭遇困境。在《现代中国文化与儒学的困境》中我也讲了，虽然儒学在现代化过程中受到压制，但文化界总是不断有呼声出来。当然，这期间政府也曾有所推动，如抗战初期，甚至从1929年开始，政府就提出"四维八德"。为什么在儒学遭受这么强烈的批判的同时，但又始终不断、不屈服地要求维护儒学的价值，这需要研究和说明。

1995年，我就讲，之所以儒家伦理在近代转型中和转型后始终处于被关注的角色，这有必然性，即根源于道德性与现代性的分裂，以及要求克服这种分裂的内在要求。一方面对传统道德性的普遍性格及其超越时空的普遍价值要深切地了解，另一方面对于现代化对道德性的侵害要提防和警惕。为什么在现代化转型过程中，会出现道德性和现代性的分裂，现代发展会越来越背离传统道德价值？伦理学家也讲，现代性发展本身会对道德有某种排斥、遮蔽，会消解传统道德。因此，现代性和道德性不是合一的。正是因为这些思想家看到这些分裂，从而要求克服这种分裂。

科学民主、市场经济等现代性因素并不能自发产生国民道德、伦理秩序和共同体价值，相反地，现代性的发展往往会损害这些价值，导致共同体价值的解体，降低人对美德的要求，现代性不能满足人生价值的需要。不能不承认现代性所带来的往往是个人主义和功利主义，强调的是个人权利。单纯的现代性本身往往会疏离甚至危害社会的群体维系和社会的基本道德。因此，传统儒学于中国社会，不仅是文化认同的问题，传统价值体系对现代社会可以产生良性的调节作用。

要敬畏圣人和经典的权威

奎凤：百年来儒学和中华文化受到这么大的冲击，那么传统儒学的价值体系还怎么恢复呢？

陈来：1989年我有篇文章叫《价值、权威、传统与中国哲学》，是我在东西方哲学家会议上的报告，现在看起来还是有意义的。关于传统价值体系的恢复或修复，最重要的是我们对古圣先贤及其经典要有敬畏的心理，就是说要恢复圣人和经典的权威。每个社会都要依照某种形式建立价值权威，若无权威就无法规范社会和引导个体。任何价值体系一定要有个权威。中国社会有个特点，就是其文化系统里的价值权威不是依靠宗教的最高存在，不是依靠上帝，而是依靠人文主义的文化传统。中国文化在世界历史上拥有最长的连续性，其价值权威既然不依靠宗教上帝，那么就要从历史文化和历史人物中取得。在中国文化中，这个权威就是圣人及其经典，包括历史本身也是权威的重要根源。但是这种权威，"五四"以来已经被破坏了。

今天要重新接续这种圣人和经典价值的权威，但这种价值权威不要跟政治权威捆绑在一起。伦理精神的权威怎么恢复呢？主要是恢复圣人和经典的权威，以此来守护道德和价值的权威。我那时写这篇文章的时候还没有经典诵读和恢复祭孔，但这些后来都出现了。我在那个时候就强调恢复圣人和经典的权威来守护道德和价值。历史文化和经典价值的权威也可以为现代化社会创造一个有益的人文环境，通过提高现代化过程的主体本身的道德文化素质及其人文环境，可以促进现代社会的良性发展。

但圣人和经典的权威怎样作用于国民教育，这是我1995年《现代中国文化与儒学的困境》一文最后的归结点，认为只有在去除儒学不合时代内容的同时，理直气壮地正面肯定其对于现代社会生活有价值的精神和原理，使之合法地作用于国民教育和文化建设，才能重建统一的国民道德与稳健的国民精神，走向合理的现代社会。我在1988年《多元文化结构中的儒学及其定位》中也讲到国民精神和民族的精神气质（ethos），认为应使儒学仍然成为中国人的价值来源之一，提供中国人做人的道理、人生的意义以及处事的原则规范，乃至对宇宙、自然、社会、人类命运的基本态度。

中国政治文化的"再中国化"

奎凤：您能否谈谈儒学和当代中国的问题？

陈来：我在2007年写的那篇《孔夫子与当代中国》，扣住执政党政治文化的"再中国化"，潜在地对"丧家狗"引起的讨论做了回应，指出执政党已经开始注重汲取中国文化主流的价值资源，开始正面宣誓当代中国是对中华文明的继承，强调要以中国文化为基础来构建中华民族的共同价值观。当然这种局面是全社会上下推动的结果和趋势，但确实造成了儒学恢复其生命的有利条件。在这种背景下，孔子被重新重视是必然的，也是合理的。

面对新的形势，我也提出，今天，当不再需要把主要力量置于文化的自我辩护的时候，儒家的社会实践，除了坚持其一贯在文化教育、道德建设和精神文明上的努力之外，如何面对当今世界、当今社会的现实处境（包括扩大民主、社会正义和公共福利等）而发出自己的声音，不能不成为新的考验。

孔夫子与现代世界

儒家肯定人权要求，但不是权利本位

奎凤： 儒家怎样看待人权问题？

陈来： 1995到1996年在美国和国内开了几次人权讨论会。我当时强调两点，应该说是比较有特色的。一是不要纠缠中国古代有没有西方意义上的权利概念；二是如果把西方权利概念还原为具体的要求，从已有的人权国际公约的内容来看，站在儒家精神立场上这些都是可以接受的。所以，儒家有没有产生权利概念并不重要，站在儒家立场上能不能接受才是最重要的。另外，若把人权概念转换为一种政府对人民所承担的责任，这方面古典儒家有很多论述。已有人权国际公约的内容，儒家虽然都可以接受，但是这些不同的人权要求，实现的历史次序和在价值层级上的安排可以不同。对中国来讲，什么是最优先的呢？可能民生就是第一位的优先。所以，东西方的文化比较，关键不是说你的要求我能不能接受，重要的是不同的要求，哪个是最优先的，哪个是次优先的。总体上来讲，儒家的价值体系不是权利倾向和权利本位的，而是责任本位的。

对孔汉思等人"全球伦理运动"的反思

奎凤：20世纪90年代以来，孔汉思等人发起的全球伦理运动风起云涌，您对此怎么看？

陈来：孔汉思搞的全球伦理，我并不反对，但他的毛病和问题在哪呢？就是他没有突出责任伦理本身的重要性，他的全球伦理和责任宣言很大程度上仍然是对已有人权宣言和人权公约的解释、说明或补充，没有注意到其实权利和责任有着根本的不同。另外，我也对孔汉思等人的世界伦理的思维提出了疑问，就是他们试图找最小公约数，找各大宗教的共同点和最低的伦理重叠。我认为，这个办法是不对的。因为，很明显，基督教和伊斯兰教在信仰和伦理上共同点很多，但历来战争不断。第一次、二次世界大战还都是在欧洲，都是在基督宗教内部，同一个宗教，还不是多个宗教，都打得一塌糊涂，战争很惨烈。提出这些历史事实，对他的思路是一个根本挑战。所以，我认为最重要的是发展每个宗教的宽容与和平的因素，而不是求共同点。

"亚洲价值"反映了儒家伦理体系的特点

奎凤：在您看来，怎么表达儒家的伦理价值体系呢？

陈来：关于儒家价值体系，迄今我们还没有一个大家都能接受的讲法。因此1997年，我觉得可以参考"亚洲价值"的说法。"亚洲价值"主要指东亚受儒家文化影响的价值体现，它有五大原则：一，社会、国家比个人重要；二，国家之本在于家庭；三，国家要尊重个人；四，和谐比冲突有利于维持秩序；五，宗教间应互补、和平共处。可见，它是亚洲传统性与现代性的视界融合中所发展出来的价值态度和原则。"亚洲价值"区分了权利伦理和责任伦理的不同，并突出了责任伦理的重要性，其核心是族群、社会的利益优先，而不是个人的自由权利优先。因此，在基本安排上，"亚洲价值"反映了儒家伦理价值体系的特点。

儒家文化资源历来支持公共性

奎凤： 儒家怎样看待公共知识分子问题？

陈来： 公共知识分子这个话题来自自由主义。从整个儒家文化里面的公共意识和公共责任传统来看，儒家这方面的资源很丰富，且源远流长。比如，先秦儒家文化所强调的士的精神，要"以道自任""以天下自任"，彰显了儒家文化非常强烈的公共性的价值立场。可以说，"天下"所代表的人民的、公共的利益始终是儒家具有终极意义的关怀。儒家文化资源历来支持公共知识分子，相反，对专业知识分子相对不够重视，不太支持专业知识分子。我觉得就今天的中国来讲，公共知识分子固然重要，但专业知识分子还不够，应该加强专业知识分子。用公共性写作来回避专业工作的艰苦工夫，与用专业化工作消解社会关怀或公共参与，对人文社会学者而言，同样是要加以警醒的。

道德的生态观

奎凤： 人与自然二元对立的科学主义导致了严重的生态危机，这引起人们来关注中国古人"天人合一"的有机自然观，但大家谈的还多是道家思想的环保意义，对儒家的有机自然观关注得不够。在您看来，儒家的生态观在哲学上应该怎么表达？

陈来： 儒家特别是宋明理学重视生态，符合生态文化的资源很多。比如"仁"是孔子儒学的根本精神，在宋儒看来，"仁"不仅是人学，也是人如何对待自然的学问，他们常以"一气感通""万物一体"的生生之意为"仁"。那么这种仁学就包含着生态学的面向，循其方向，可以发展出独特的生态哲学体系和生态世界观。我比照牟宗三"道德的形上学"的说法，认为这种生态观可以叫作"道德的生态观"（Moral Ecology）。在儒家哲学中，人虽然仍然在某种意义上是中心或基点（人者天地之心），但这种中心地位的承认，并不是要使人从宇宙的优越地位出发而把自然当作可以任意索取、盘剥的他者；儒家所赋予人的中心的地位，正在于对人的理性（灵明、良知）的信任，对人能自觉万物一体的有机性的信任。这种立场可能会在旧的人类中心主义和当代彻底摒弃人类中心主义的要求之间提供一种平衡。

以"仁"为体，以"和"为用

奎凤： 人与自然要和谐，人与社会、人与人也要和谐，近年来，"和谐"成为从政府到社会流行的话语之一，这也反映了传统人文精神的悄然回归。从传统儒家资源来看，您怎样看待"和谐"这个流行话题？

陈来： 在我看来，"和"可以有五个层次：天人之和、国际之和、人际之和、心境之和、不同文化之和。同时我多年来一直强调"以仁为体，以和为用"的思想。我最早可能是1993年在费孝通先生召集的一次《群言》编辑部座谈会上提出这个说法，并于1994年参加日本福冈"东亚传统思想国际讨论会"时进一步充实。"仁"是儒学价值理性的代表和实质性传统的集中体现，"以仁为体、以和为用"的文化实践结构，体现了儒学与西方文化不同的精神特色，是真正代表儒学核心的文化实践、社会理想和文化取向的普遍性价值，集中体现了东亚世界的价值理念。我们至今仍只是强调"和"的重要性，还未意识到更根本的层面——"仁"的重要性。显然，没有以"仁"为体的"和"，只能是表面的。

道德的政治

奎凤： 儒家政治哲学的特质是什么？

陈来： 我曾讲过中国早期政治哲学有"天民合一""天德合一""天礼合一"的特色，强调民意、道德和礼法对统治者的决定性影响。孔子在此基础上进而发展出"道之以德""为政以德"的执政理念，我认为这是孔子对古代"政以治民"和"政以正民"思想的重大改造。

那么，儒家政治哲学的特质可以说是"道德的政治"。古代儒家强调政治德行对于政治过程的重要性，认为政治的本质就是道德教化，坚持以美德为政治的基础，以善为政治的目的，以仁贯通于政治的实践，这些在现代社会的政治制度条件下，仍然有其不可忽略的意义。一个政府也许不必同特定的某一学派、流派、教派捆绑在一起，但对社会生活基本规范和做人美德，对传统的基本价值必须明确并加以认同和发扬，离开了这些，不仅谈不上政治的正当，就连政治本身都会成为问题。

礼教与乐教

奎凤：您在《孔夫子与现代世界》中谈到"儒家礼学与现代社会"，认为"现代价值中只强调了民主、自由、批判、权利，而忽略了教化、规范、义务、社群，这正需要以礼或礼的类似物来加以补充"。"礼"确实是孔子儒学的重要特色，我想到了与"礼"密切关联的"乐"的问题。儒家讲"礼教"，也讲"乐教"，所以才叫礼乐教化。而且《礼记·乐记》讲"乐者为同，礼者为异。同则相亲，异则相敬"，又说"乐由中出，礼自外作""仁近于乐，义近于礼""乐由天作，礼以地制""乐者，天地之和也。礼者，天地之序也"。那么，如果用阴阳模式的话，则是：礼为阴，乐为阳。礼而无乐，则是阴而不阳。孔子以后的儒家更强调礼教，乐教也许是因为《乐经》的失传而一直发展得很不够，导致礼教偏盛而出现一些弊端。我觉得对今天儒家的新发展来讲，如何挖掘、认识、发扬孔子的乐教精神，似乎也很重要。不知您对此怎么看？现代音乐应该从孔子乐教文化中学习什么？

陈来：这个问题以前贺麟讲过，用西方文化补充、发扬中国的诗教、礼教、理学，他说用西方的艺术发扬诗教，其中包含乐教。轴心时代，从孔子到孟子、荀子，价值体系已经独立，不必依附在乐教中。所以我想今天乐教这个问题不必专门提倡，可以综合在诗教之中。

多元普遍性价值

奎凤：近些年来，您多次在学术讲演中论及全球化中的"多元普遍性"的问题，这个提法的意义在哪？

陈来：全球化问题，20世纪以来讨论越来越多。我的那篇文章《走向真正的世界文化：全球化时代的多元普遍性》，是2005年在北京大学举办的哈佛燕京校友会年会上最先讲的。其中最重要的发明，就是提出"多元的普遍性"的观念。以前总认为普遍性是一元的。前几年我在北京师范大学人文宗教成立大会上讲过这个观点，当时研究跨文化的德国学者卜松山（K.H.Pohl）非常重视这个概念，认为这是一个新的哲学概念。我并没有注重去论证，但最重要的是把这个观念提出来了。价值的多元普遍性，我提出这个观念是强调不能说只有西方的是普世价值，东方的就不是，东方价值也有普世性和普遍性。"世界化"马克思那里已经有这个理想的意思在里头，但如何走向真正的世界文化，既不是东方主义，也不是西方主义，还需要一个新的哲学基础。现在仍然是西方很强势，要想克服西方中心主义，走向真正的全球化，就需要我们借助全球化的趋势，大力发掘、弘扬儒家文化中带有普遍性的价值，从而实现世界文化的"多元共存""和而不同"。而实现这一点，在哲学上要建立一些基本观念，以消除久有的文化和哲学的成见。

价值儒学：接着新理学的新儒学

价值儒学

奎凤：明儒讲学喜欢用一个词来标示自己的学术宗旨，现在也有人以政治儒学、生活儒学、制度儒学等名目相互标榜。虽有炫目之嫌，但一定意义上也表现了当代儒学的生命力。那么，您能否也用一个词来概括一下自己儒学思想的宗旨呢？您刚才提到对价值的儒学的始终关注，是不是可以说"价值儒学"是您的思想的一个宗旨？

陈来：我想这是可以的。你可以看到，我对儒学的关切，很突出价值体系，特别是其德性因素。所以，一定意义上，也可以说我是重视价值儒学。在这个意义上，李泽厚讲历史本体论，我可以说是注重价值本体论，是坚持价值本体论的价值儒学。现在不少人讲儒学重视政治层面和制度层面的建构，我是始终突出价值体系。其实这也不是新奇的讲法，在历史上儒学的特质和功能就是如此。

奎凤：近代以来有很多体用的论辩，如中体西用。20世纪80年代以来，还有不少学者仍然在体用问题上做文章。您在这方面的主张如何？

陈来：过去，张之洞讲"中体西用"，李泽厚讲"西体中用"。我对这类"话头"并不很感兴趣，如果一定要说的话，我的立场是"以中为体"，"中"就是中国、中国文化。这个话对于当代中国思想的争论来说，包含有几个方面的含义，不过今天就不在这里详说了。

奎凤：是不是可以说，这个立场，再具体来讲，就是您近年常说的清华大学国学研究院的口号——"中国主体，世界眼光"？

陈来：也可以吧。

接着新理学的新儒学

奎凤：您曾经是冯友兰先生晚年写《中国哲学史新编》最重要的助手，我们能感觉到冯先生对您的思想世界影响很大。如果说冯先生的新理学是接着宋明理学来讲的话，那么能否说您的儒学思想又是接着冯先生的新理学来讲的？《古代宗教与伦理——儒家思想的根源》最后一章，说到这本书的主旨就是推原儒家的思想起源，所以可以叫《新原儒》。这显然是个冯友兰式的标题，您的其他著作是否也能以类似新理学来命名？

陈来：也许可以这样讲。你这样说让我想起了1988年在新加坡开会的时候，当时杜维明先生把参加会议的学者都看作新儒家，并让每一位代表在新儒家前面都加上一个形容词来标示自己的学术渊源和学术宗旨。我填写的就是"新理学"的新儒家。所以，也可以说我的儒学思想是接着冯先生的新理学来讲的。虽然我对心学也有"同情的了解"，但我还是比较接近理学。

"新原儒"跟熊十力、章太炎的原儒不一样，的确是本于冯先生的命名特色。我是比照冯先生的"贞元六书"来的。如果这样比照的话，我的《传统与现代——人文主义的视界》的讨论可以看作是接着冯先生的《新事论》的，可以说是《新原统》，讲怎么认识传统；我那本讲20世纪新儒家的《现代中国哲学的追寻：新理学和新心学》，里面我对新理学和新心学都有同情的了解，可以叫《新明道》，讲现代新儒学的哲学发展之道；那么，《孔夫子与现代世界》面对儒学在世界文化的挑战，可以叫《新世论》。这是就对新理学的延续而言所做的比附，我希望我能在新理学的发展方面做更多的工作。

结　语

冯先生当时面临民族生命处于最为艰难的"贞""元"之际。陈来先生20世纪80年代以来面对的是儒学和中华文化最艰难的贞元之际。所以我想陈先生基于新理学的新儒学四部"新书"，也可以叫"贞元四书"。那么今天来讲，中华文化和儒学的局面我觉得已经走出了"贞""元"之际，转入由"元"入"亨"之际，我们期待着陈先生的"元亨之书"。

原载《江海学刊》2013年第3期

跋

　　此访谈是在2012年3月。结语部分我们谈到期待陈先生的"元亨之书"。2014年，北京三联书店出版了先生的大作《仁学本体论》，在扉页上强调此书为"新原仁"；2019年三联书店又推出了先生的大作《儒学美德论》，扉页上也题为"新原德"。两书的出版在学界引起广泛而持久的讨论。这样相对于冯友兰先生的"贞元六书"，陈先生的"元亨六书"也形成了。先生的"元亨六书"（"新原儒"：《古代宗教与伦理——儒家思想的根源》、"新原统"：《传统与现代》、"新明道"：《现代中国哲学的追寻：新理学和新心学》、"新世论"：《孔夫子与现代世界》、"新原仁"：《仁学本体论》、"新原德"：《儒学美德论》）。从1991年开始准备写"新原儒"算起，到2019年"新原德"的出版，前后持续28年。20世纪90年代初的儒学按《周易》卦象来说大概是处于复卦和临卦时期，过了冬至，一阳来复，虽面临重重压力，但已开始展现顽强生命力；到了21世纪前十年则是临卦到泰卦时期，三阳开泰可望，儒学生命力蓬蓬勃勃、生机盎然。用元亨利贞话语而言，为由元入亨之象。陈先生的"元亨六书"正是这个时期儒学发展生命力的象征，是30年来大陆儒学发展的黄钟大吕和最富有标志性的思想理论成果。与《朱子哲学研究》《有无之境——王阳明哲学的精神》等学术专著更多是在讲儒学史不同，"元亨六书"有鲜明的价值立场，有很强的思想创造性与现实针对性，展现了时代大儒的使命、责任与担当，有力推动了中华优秀传统文化的创造性转化与创新性发展。

2021年元月，翟奎凤

下篇

著作、获奖与荣誉

中文著作书影

《朱熹哲学研究》，中国社会科学出版社，1988年。

《朱子书信编年考证》，上海人民出版社，1989年。

《有无之境——王阳明哲学的精神》，人民出版社，1991年。

《宋明理学》，辽宁教育出版社，1992年。

《哲学与传统——现代儒家哲学与现代中国文化》，允晨出版公司，1994年。

《古代宗教与伦理——儒家思想的根源》，三联书店，1996年。

《人文主义的视界》，广西教育出版社，1997年。

《陈来自选集》，广西师范大学出版社，1997年。

《朱子哲学研究》，华东师范大学出版社，2000年。

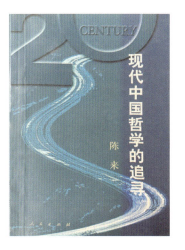

《现代中国哲学的追寻》，人民出版社，2001年。

《古代思想文化的世界——春秋时代的宗教、伦理与社会思想》，三联书店，2002年。

《中国近世思想史研究》，商务印书馆，2003年。

《诠释与重建——王船山的哲学精神》，北京大学出版社，2004年。

《传统与现代——人文主义的视界》，北京大学出版社，2006年。

《燕园问学记》，北京大学出版社，2008年。

《东亚儒学九论》，三联书店，2008年。

　　《宋明儒学论》，香港三联，
2008年。

　　《竹帛〈五行〉与简帛研究》，
三联书店，2009年。

　　《宋元明哲学史教程》，三联书
店，2010年。

　　《现代中国哲学的追寻——新理
学与新心学》，三联书店，2010年。

《中国近世思想史研究》（增订本），三联书店，2010年。

《孔夫子与现代世界》，北京大学出版社，2011年。

《回向传统——儒学的哲思》，北京师范大学出版社，2011年。

《北京·国学·大学》，北京大学出版社，2012年。

《竹简〈五行〉篇讲稿》，三联书店，2012年。

《陈来讲谈录》，九州出版社，2014年。

《陈来儒学思想录》，华东师范大学出版社，2014年。

《仁学本体论》，三联书店，2014年。

《理解与诠释——陈来自选集》，
首都师范大学出版社，2015年。

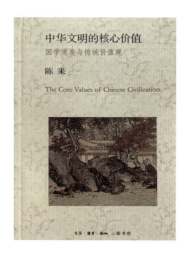

《中华文明的核心价值——国
学流变与传统价值观》，三联书店，
2015年。

《山高水长集》，中华书局，
2015年。

《从思想世界到历史世界》，北
京大学出版社，2015年。

《儒学通诠——陈来学术论集》，
孔学堂书局，2015年。

《古代宗教与伦理》（增订本），
北京大学出版社，2017年。

《孔子·孟子·荀子——先秦儒
学讲稿》，三联书店，2017年。

《近世东亚儒学研究》，北京大
学出版社，2018年。

《现代儒家哲学研究》，北京大学出版社，2018年。

《〈孟子〉七篇解读》，齐鲁书社，2018年。

《守望传统的价值——陈来二十年访谈录》，中华书局，2018年。

《冯友兰的伦理思想》，三联书店，2018年。

《国学散论——陈来随笔录》，
清华大学出版社，2019年。

《儒学美德论》，三联书店，
2019年。

《儒家文化与民族复兴》，中华
书局，2020年。

《中华文化的现代价值》，中国
文史出版社，2020年。

韩文书

1.《宋明性理学》，1998，安载皓译，艺文书院。

2.《朱熹哲学研究》，2003，艺文书院。

3.《王阳明哲学》，2004，艺文书院。

4.《中国古代思想文化的世界》，2008，成均馆大学儒教文化研究所。

5.《孔夫子与现代世界》，2016，姜真硕译，艺文书院。

英文书

1. *Chen Lai'Four Essays on Wu Xing Manuscrips*, Contemporary Chinese Thought，winter 2011-2012，Vol.43 No.2.

2. *Tradition and Modernity*，Brill Press，Leiden，Boston，2009.

3. *The Core Values of Chinese Civilization*，Springer Publishing，2017.

4. *Philosophy and Confucian Tradition*，Bridge 21Publications，Nov. 2018，USA.

5. *Confucius and The Modern World*，Routledge，2019.

6. *The Realm of Being and Non-being*，Bridge 21Publications，USA，（March，2019）.

获奖与荣誉

2009 年之前

1. 1988年,《朱熹理气观的形成与演变》获北京大学首届科学研究成果奖（论文）二等奖。

2. 1990年，《朱子书信编年考证》获北京大学首届光华教师科研成果奖。

3. 1991年，《朱熹哲学研究》获北京大学光华安泰教师优秀成果奖。

4. 1991年，被国家教委、国务院学位委员会评为"做出突出贡献的中国博士学位获得者"。（图1）

5. 1992年，被评为国家级"中青年有突出贡献专家"，享受政府特殊津贴。（图2）（图3）

6. 1992年，《有无之境——王阳明哲学的精神》获第二届"中国图书奖"二等奖。

7. 1993年，《宋明理学》获第三届"中国图书奖"一等奖（国学丛书第一批集体）。

8. 1994年，荣获北京大学505中国文化奖。

9. 1994年，荣获"君安—北大"科学家奖。

10. 1994年，被评为"北京大学优秀中青年学术骨干"。

11. 1995年，《朱熹哲学研究》获国家教委人文社会科学二等奖。

图1　1991年1月在人民大会堂作为获奖代表登台领取"做出突出贡献的中国博士学位获得者"奖牌。

图2　中青年有突出贡献专家
证书。

图3　1992年，国务院政府津
贴证书。

12. 1997年，《古代宗教与伦理》获北京大学科研一等奖。

13. 1998年，《有无之境——王阳明哲学的精神》获教育部人文社会科学二等奖。

14. 1998年，进入北京市跨世纪中青年社科理论人才"百人工程"之列。

15. 1998年，被评为教育部"跨世纪人才"。

16. 2001年，《朱子哲学研究》获第五届"国家图书奖提名奖"。

17. 2001年，荣获北京大学教学优秀奖。

18. 2002年，《明嘉靖时期王学知识人的会讲活动》获北京大学科研（论文）二等奖。

19. 2003年，荣获宝钢全国教师优秀奖。

20. 2004年，《古代思想文化的世界》获北京大学科研一等奖。

21. 2004年，《古代思想文化的世界》获中华文化优秀著作奖。

22. 2004年，荣获北京市高等教育教学一等奖。

23. 2005年，被评为全国优秀博士学位论文博士生导师。

24. 2005年，荣获国家高等教育教学二等奖（"中国哲学课程的全面建设"）。

25. 2005年，荣获北京大学教学一等奖。

26. 2005年，《中国哲学史》（1—4）被评为国家级精品课程。

27. 2006年，《诠释与重建——王船山的哲学精神》获北京大学科研一等奖。

28. 2006年，《诠释与重建——王船山的哲学精神》获教育部高校人文社会科学优秀成果三等奖。

29. 2008年，《有无之境——王阳明哲学的精神》获北京大学人文社会科学研究改革开放三十年百项精品奖。

2009年以后

1. 2011年，《启蒙批判与学术研究的双重变奏》获第一届"百盛—清华学报优秀论文奖"。

2. 被评为中南大学杰出校友（第二届，2012年）

颁奖词：他是新一代的人文大师，以最前沿的思想，最深厚的学养，最透彻的目光，最传神的笔触，为往圣继绝学，替国学写春秋，给中国思想文化勾画最真最确的轨迹，让古老的儒家学说、道家智慧、禅宗颖悟，重新惊艳世界，启迪未来。

3. 2012年6月，获聘中央文史研究馆馆员。（图4）（图5）

图4 中央文史研究馆馆员聘任书。

图5 与同时获聘的国务院参事和中央文史研究馆馆员合影，右五为陈来。

4. 2011年，《中国儒学史》（宋元卷）获教育部高校人文社会科学优秀成果一等奖、第四届中华优秀出版物奖、第三届中国出版政府奖、第十二届北京市哲学社会科学成果奖特等奖。

5. 2015年，被聘为山东省特聘儒学大家。

6. 2014年，荣获首届全球华人国学大典"国学成果奖"。（图6）

7. 2014年，《仁学本体论》获得中华读书报"十佳图书"称号。

8. 2015年8月，获得第三届思勉原创奖（《仁学本体论》获奖）。（图7）

颁奖辞：陈来教授的著作《仁学本体论》的原创性在于：本书继承发展了中国传统哲学，开拓创新，以"仁"为本体，将儒家的仁论推演建构为仁学本体论，并在圆融使用儒学各种思想资料的基础上，对仁本体学说进行了既具历史性又不乏系统性的论述，是当代中国学者在哲学理论创构方面的重要突破，是当代中国哲学研究领域杰出的综合创新之作，代表了中国哲学研究的最新开拓，对中国哲学在未来的发展，具有重要的推动作用。

9. 2015年9月，荣获第六届孔子文化奖。（图8）

10.《中华文明的核心价值——国学流变与传统价值观》居"中版好书"2015年度榜榜首。

11.《中华文明的核心价值——国学流变与传统价值观》荣获2015年"中国好书"。

12.《中华文明的核心价值——国学流变与传统价值观》被评为《中华读书报》2015年好书。

13.《中华文明的核心价值——国学流变与传统价值观》被评为三联书店2015年十大好书。

14. 2016年，在第二届全球华人国学大典上获"国学成果奖"（《仁学本体论》获奖）。

15.《中华文明的核心价值——国学流变与传统价值观》荣获第六届中华优秀出版物图书奖（获第10名，100种）。（"中华优秀出版物奖"是根据中

图6　2014年，与李学勤先生在首届全球华人国学大典上合影。

图7　2015年，接受思勉奖。

图8　获孔子文化奖，左一为颁奖人十二届全国人大常委会副委员长向巴平措。

央办公厅、国务院办公厅和中央宣传部文件批复精神，由中国出版协会举办的中国国家级的图书奖，每两年举办一次，涵盖文学艺术、社会科学、自然科学等所有领域的图书。中华优秀出版物奖是中国出版界奖励优秀出版物的综合性奖项，与"五个一工程"奖、中国出版政府奖并列为业界三大奖。中国出版协会于2017年4月23日在北京举行"走近名作、名家、名社——第六届中华优秀出版物奖颁奖典礼"。）

16. 2017年12月，第十六届输出优秀图书奖共评出100部优秀图书，《中华文明的核心价值——国学流变与传统价值观》名列第二，仅次于《习近平论治国理政》，签约外文版权近二十个语种，现已出版了英文、俄文、法文、哈萨克文、吉尔吉斯文版等。

17. 2017年12月，荣获北京大学"张世英美学哲学学术奖"。（图9）

颁奖辞：陈来教授以专深之学，达通人之境，学采中西，思兼古今。陈来教授学术生涯四十年，始终坚守中华文化立场。每开风气之先，不为时风所转。其学也广大，其思也深微，其德也淳，其行也正。道德文章，皆称楷模。陈来教授是当前中国哲学史领域做出原创性建树，并产生国内、国际影响力的杰出哲学家。

18. 2018年1月，荣获第四届中国文化国际传播"会林文化奖"。（图10）

颁奖辞：陈来先生是当今最优秀的中国哲学史家、思想家之一，是儒学研究领域的旗帜性人物。多年来，他笃志不倦，笔耕不辍，获得了丰硕的学术成果和广泛的社会影响。他守望过去，关注现实，对传统文化的现代命运有着深切的关怀和担当意识，是中国传统文化的守卫者和弘扬者，为传统文化在现代社会的复兴做出了不可磨灭的贡献。

19. 2018年，《中华文明及其核心价值——国学流变与传统价值观》荣获第三届全球华人国学大典"国学成果奖"。

20. 2019年，《中华优秀文化的传承和发展》荣获北京市第十五届哲学社会科学优秀成果奖一等奖。

图9　2017年，获首届"张世英美学哲学学术成就奖"，与张世英（中）、郝平（右二）、叶朗（右一）合影。

图10　2018年，获第四届"会林文化奖"，颁奖典礼上与安乐哲合影。

21. 2019年，陈来、王志民主编的《〈孟子〉七篇解读》获全国古籍出版社百家图书二等奖。

22. 2020年，荣获"汤用彤学术奖"。

颁奖辞：天道难闻，犹或钻仰，文章可见，胡宁不思。先生问学燕园，虚心涵泳，终成博通。数十年来，仰观俯察，居敬持志；七大洲里，致知格物。融通中西，而慨古今，开辟区宇，以生新知。重教理，尚人文，致广大，尽精微。提携后进，沾溉学林，春风朗润，符采克炳。郁此精神，珪璋乃聘。

23. 2020年1月，《仁学本体论》获得第八届高等学校科学研究优秀成果奖（人文社科学）一等奖，哲学类。

24. 荣获2020年度湖湘文化研究突出贡献学者奖。

25. 2020年，荣获第四届全球华人国学大典"国学终身成就奖"。（图11）

颁奖辞：以学问家观之，他并重义理和考据。他关切的学术热点，必有其勇立潮头的身影；他耕耘的思想园地，常见其大匠运斤之良构。以哲学史家观之，他思接千载，由宋明上溯三代，下及当今；他探赜索隐，秉健笔游

图11　2020年11月28日，获第四届全球华人"国学终身成就奖"。

于经典，阐发智慧。以哲学家观之，他接着传统讲，创立"仁学本体论"；他面向世界说，回归中国哲学话语体系。

立足传统而不守旧，吸取西学而不盲从。复兴传统文化，冀以推进现代文明；阐述儒家美德，而求提振世道人心。

弘道惟艰，斯文可会。致敬第四届全球华人"国学终身成就奖"获得者——陈来先生。

26.《中华文明的核心价值——国学流变与传统价值观》荣获2020年"中国版权金奖"。"中国版权金奖"是中国国家版权局与世界知识产权组织（WIPO）开展的合作项目，每两年评选一次，是中国版权领域内评选的唯一国际性奖项，也是国内版权领域的最高奖项。陈来先生此书获得的是文字作品奖。

27. 2019年度"复印报刊资料转载指数排名"与《复印报刊资料重要转载作者（2019年版）》为中国人民大学人文社会科学学术成果评价研究中心和中国人民大学书报资料中心于2020年3月发布的两项重要成果。《复印报刊资料重要转载作者（2019年版）》，在哲学学科入选作者中综合指数排名第一的是清华大学国学研究院陈来教授。陈来教授多年来一直醉心于哲学领域研究，论文数量与质量双丰收，且每年均有多篇论文被复印报刊资料所转载，先后入选历版《复印报刊资料重要转载来源作者》（即2016年版和2019年版）。其中，2019年版的研制以2016—2018年间的复印报刊资料转载论文为基本依据，陈来教授共有13篇论文被转载，为同期内哲学学科转载量第一名，在同行评议过程中，陈来教授也显示出超高的声望与影响力。

28. 2020年9月，荣获济宁市"杰出人才奖"。

29. 2020年，中宣部"第四届期刊主题宣传好文章"，其作品《中华民族爱国主义的形成》入选。

30. 2020年12月，《儒学美德论》荣获北京市第十六届哲学社会科学优秀成果奖一等奖。

讲学、访学留影

1991年，在北京大学研究生课堂上，前排左二强昱，左三辛鸣。

1991年，在日本东京金阁寺。

2008年，在台湾台南孔庙前。

2010年，在纪念冯友兰先生115周年诞辰会议上。

2011年10月8日，出席世界朱氏联合会第八届会员代表大会暨两岸四地朱子学论坛。

2011年，在厦门筼筜书院。

2012年，在中央电视台《文明之旅》栏目主讲《哲学泰斗冯友兰》。

2012年6月，在中南海紫光阁。

2013年，在
南开大学做讲座。

2013年3月，在香港孔子学院。

2013年，在墨尔本澳新政府学院。

2013年5月17日，在岳麓书院讲中华文明价值观。

2014年，在福州晋安区鼓山。

2014年4月，在昆明西南联合大学纪念碑前留影。

2014年，在日本京都的哲学之路。

2014年，在北京大学哲学系新办公楼前（李兆基人文学苑2号楼）。

2015年11月1日，在清华大学国学研究院成立90周年大会上。

2015年，在清华学堂南侧。

2015年，在江西省吉安市青原山阳明书院。

2016年10月3日，在希腊首都雅典出席中欧文明对话会。

2016年4月13日，在曲阜孔庙杏坛讲学。

2017年，在岳麓书院。

2018年，在泰山。

2019年，在牛津大学。

2019年，在莫斯科克里姆林宫。

2019年，在迪拜大学座谈。

与家人合影

1955年，与父母在北京家院中。

1958年，与母亲摄于首都影院西侧的银星照相馆。

1972年夏，与奶奶在温州老宅前院。

1987年，与夫人杨颖在美国马萨诸塞州。

1995年12月，与夫人杨颖在日本九州。

1995年12月，与夫人杨颖在日本九州。

1997年，与夫人杨颖在美国哈佛大学旁的查尔斯河。

1999年，与夫人杨颖在日本奈良。

2000年，与夫人杨颖在北京蓝旗营家中。

2001年，与夫人杨颖在清华大学二校门。

2003年，与夫人杨颖在
北京蓝旗营家中。

2004年，与家人摄于北京。

2005年，与夫人杨颖在
美国夏威夷。

2006年，与家人在美国马萨诸塞州。

2009年，与夫人杨颖在日本冈山。

2010年，与夫人杨颖在上海世博会。

2011年，与夫人杨颖在法国。

2011年，与夫人杨颖在法国卢浮宫。

2011年，与夫人杨颖
在法国巴黎凯旋门。

2011年，与夫人杨颖在香港。

2012年，与夫人杨颖在北京。

2013年，与夫人杨颖在
希腊。

2013年，与夫人杨颖在
希腊圣托里尼。

2013年，与夫人杨颖在
希腊雅典卫城。

2014年，与夫人杨颖在黄山。

2014年，与夫人杨颖在莆田。

2015年，与夫人杨颖在新加坡。

2015年，与夫人杨颖在钓鱼台国宾馆。

2015年，与夫人杨颖在印度尼西亚巴厘岛。

2016年，与夫人杨颖在福建尤溪。

2016年，与夫人杨颖在西昌。

2018年，与夫人杨颖在北京西山。

2019年，与母亲在文津酒店。

2019年，与夫人杨颖在爱沙尼亚。

2019年，与夫人杨颖在英国剑桥大学。

2020年，与夫人杨颖在北京。

2020年，与夫人杨颖在山东济宁。

后　记

　　编这本书，有两个目的，一个是纪念陈老师70初度，另一个就是也作为我们携手40年银婚的纪念。他建议我写此书的后记，虽然感到力不从心，但我仍不揣浅陋，应允下来。因为书里记述的是我们共同经历的岁月，书中的照片是我们共同生活的印迹。

　　这本书的文字部分主要记载了陈老师40年来的学术成长经历，我在这里要说几句学术以外的生活，因为这也是我们共同生活的一部分。

　　40年前我嫁给了这个别人"眼中的男子汉"。记得1982年考博前，他有些犹豫，当时我正值孕期。我鼓励他报考，并且信誓旦旦地承诺，孩子生下来不用他管。我如愿以偿，他考取了北京大学第一届文科的博士生，但小孩一岁以前都是他带，我则每天上班。他一边写论文，一边看孩子，三年后成为北京大学文科第一个通过博士答辩的人。有位朋友这样描述他："像堂·吉诃德一样细长的博士小心翼翼捧起两个无价之宝：古老的哲学，稚嫩的生命。宋明理学、儒家思想、奶瓶、尿布占满他的时间和空间。先哲的回声、婴儿的啼哭，如丝竹金石，玉声脆韵，不同声而能调，伴他不声不响交出两份答卷：优秀的博士论文和健康聪颖的儿子。"

20世纪80年代初我们刚刚结婚时，中国知识分子还没有条件活得那么潇洒，他和我一样关心家里的柴米油盐，我们有共同的价值观，就是不乱花钱。1987年我第一次去美国，自费买机票，单程4000多元，当时在美国的中国留学生都觉得不可思议，以为我是有钱人，其实用的是我们俩的积蓄。到了21世纪的今天，陈老师还恪守他的传统。他喜欢吃苹果，但他总是买最普通的苹果，我劝他买好些的，他振振有词地说苹果"个个是好果"。当然，美在务实，他也有时跟外人"抱怨"说我给他买衣服都是五十元两件，其实我觉得这与其说是"抱怨"，不如说是一种对简朴的"显摆"，因为这些衣服穿在身上，他总是自得其乐、颇显得意的。勤俭持家的好传统现在的年轻人已经很不以为然了，我们却乐此不疲。因为我们觉得，勤俭是一种美德，更是一种素养。

当初陈老师偶尔也会下厨房。记得一次他用高压锅炖鸡，想给我惊喜，我下班回家打开锅一看，鸡胗竟然没有收拾！他还自我解嘲地说，这以后就是名人轶事了。不过以后再少这样的惊喜了，因为他主动退出了厨房，此后一日三餐我都承包了。记得他们系里一位老师告诉我说，"张先生说陈老师是绝顶聪明"，后来我就想，他是不是有意为之，因为这样就可以"君子远庖厨"了。

陈老师不抽烟不喝酒，可是喝水也"勉为其难"，上三个小时的课，可以滴水不进，这是不可取的。有一次他的学生跟我"抱怨"说，师母要是不在家，老师也不给我们倒水。其实这也不能怪他，因为他自己也想不起来喝水。每次我给他倒水放在书桌上，他都是视而不见。为了喝水的事，我三番五次和他讲喝水的重要性，他每次都满脸歉意、不住点头，可就是"屡教不改"。

陈老师眼中无"尘"。2014年我自己去美国一年，他居然在家没搞过一次家庭卫生。我回国前夕，他找了小时工打扫了厨房的卫生，然后几天不开伙等我回来，这是我回来后他主动坦白的。他自己的书房也是暗伏灰尘，杂乱无章，很难打扫，我也无可奈何，好在书房看起来杂乱无章，但只要他要看哪一本书，立马就能手到拿来。

自从我们搬离蓝旗营后，因家居较远，他平时很少请学生到家里来，学生来了也都是只谈学术。学生来了我一般都退避三舍，免得打扰他们谈话。可是隔墙有耳，总是谈不了多长时间就悄然无声了，因为学术以外他都无可谈，学生只能起身告辞。一次他外出活动回来告诉我，有一位历史系的老师冲他大声说，你除了谈学术，还能不能谈点儿别的呢？这就是他老夫子书呆子的一面。可是我喜欢热闹，我总是很期待一年一次和学生们的同乐会。陈老师除了读他的圣贤书，最好的放松就是听听歌，偶尔也哼几句，有一次他告诉我学生称赞他的唱歌是"黄钟大吕"，他得意了好一阵子。近些年他改善了很多，那个"望之俨然，即之也温，听其言也厉"的陈老师已被人称为"陈老"，想来人入老境，会变得慈祥一些，现在很少听学生说害怕陈老师了。

我们一起度过了40年，生活平平淡淡，相濡以沫。他性情温厚，他以我为一家之主，称我为一家之宝，每每表扬我对家庭建设的贡献。我这个人，家庭的责任心很强，不过一直以来都是"任劳不任怨"，可不管我如何"无理取闹"，他从来没跟我吵过架红过脸。记得有一次他说话声音提高了八度，我还没反应过来，他就笑了："是不是吓到你了？"他常说，"只要你笑了，全世界就笑了"。他就是这样无原则地包容、迁就我的坏脾气。

40年来我常常口头赞美他，这次是跃然纸上的嘉奖。他是一个很有理性的人。他自奉甚严，淡泊名利，以平常心做平常事，过平静的日子，他最享受一个人静静地呆在书房里。在为人处世方面，他是我的榜样，40年来，在家里我从来没有听他说过学校同事和学界同仁的一句坏话，他也不允许我随便评价他的学生。他总是对他人有同情的理解，总能客观地肯定别人的长处。他可以说是著作等身了，但从不居功自傲，外人以为他做学问一定是废寝忘食、特别刻苦，其实他的作息和他的为人一样，非常自律，从不熬夜，晚11点一定就寝，中午必享受午觉，他从不做事倍功半的事情。我觉得他的学术成就主要得益于工作的效率高，他在研究的土地上，是高产田，这应该算是他的优点。

　　记得20世纪80年代末期，他的一位学者朋友很吃惊地说："陈来这个老夫子，怎么找了一个女商人！"其实我原来是医生，为了照顾家庭才改行的。他除了学习还是学习，接受他的生活习惯和相对无聊的日子，也需要一点耐心和对他的理解。我们俩性格反差很大，他喜欢静，我喜欢动。我们的性格完全不在一个频道上。用现在的说法，距离产生美，可见40年前我们就有了这个预见，现在看来动静结合就是和谐家庭。

　　上面说的，是我的一面之词，但我的感受和认知是真诚的。我很庆幸，让我在千万人之中遇见了我想遇见的人，在无涯的时间原野里，没有早一步，也没有晚一步。不觉间送走了人生最美好的年华，不觉间已是夕光灿烂的时节，把生命写成目前的样子，我很满足。

　　最后引用那位写《我眼中的男子汉》的作家编辑的观察：

　　"前年在苏州采访一次海峡两岸的学术研讨会，不用说，与会者尽是学界精英，气氛活跃融洽。一位不甚活泼、举止老成、周身透出一种大雅大儒魅力的中年学者格外引起我的注意，他果然就是北京大学的，是早闻其名未见其人的陈来。他不过40岁出头，是老三届中最小的一届，当工农兵学员时学的是地质。后攻哲学，师从邓艾民、张岱年，获得博士后曾一度做冯友兰先生的助手，深得冯先生赏识。现已是博士生导师，中国哲学史教研室主任，国际中国哲学会中国大陆分会秘书长。从'插兄'到'大儒'，使我在对他的敬佩中又多了一份亲切。因近年常与张岱年先生有来往，我很快就从陈来身上发现了张先生的影子。"

　　这本小书是合作而成，文字属于他，照片是我选取的。奎凤同志为此书的编辑出版提供了不少帮助，在此特表感谢！

杨　颖

2021年5月19日